曹薰铉、李昌镐精讲围棋系列

精讲围棋棋形

定式常型

曹薰铉围棋研究室 —— 编著

化学工业出版社
·北京·

图书在版编目（CIP）数据

精讲围棋棋形.定式常型/曹薰铉围棋研究室编著.
—北京：化学工业出版社，2019.1（2020.1重印）
ISBN 978-7-122-33216-5

Ⅰ.①精… Ⅱ.①曹… Ⅲ.①围棋-对局（棋类运动）
Ⅳ.①G891.3

中国版本图书馆CIP数据核字（2018）第240903号

责任编辑：史　懿　杨松淼　　　　　　装帧设计：刘丽华
责任校对：宋　夏

出版发行：化学工业出版社（北京市东城区青年湖南街13号　邮政编码100011）
印　　装：大厂聚鑫印刷有限责任公司
710mm×1000mm　1/16　印张14¾　字数247千字　2020年1月北京第1版第2次印刷

购书咨询：010-64518888　　　售后服务：010-64518899
网　　址：http://www.cip.com.cn
凡购买本书，如有缺损质量问题，本社销售中心负责调换。

定　　价：59.80元　　　　　　　　　　　　　　　　　版权所有　违者必究

围棋是中国的国粹，它能启发智力，开拓思维，是一项非常有益的修身养性的娱乐活动。成人通过学习围棋，可以培养自己良好的心境和大局观；儿童通过学习围棋，可以培养耐心，提高注意力，锻炼独立思考能力，挖掘思维潜能，学习围棋对课业学习有十分明显的帮助。

　　那么如何学习围棋？如何学好围棋？什么样的围棋书才能更有针对性地提升棋艺水平？

　　韩国棋手曹薰铉、李昌镐不仅是韩国围棋的代表人物，在国际棋界也有举足轻重的地位。我们经与曹薰铉、李昌镐本人直接接洽，使得本系列书得以顺利出版。

　　本系列书包括定式、布局、棋形、中盘、对局、官子、死活、手筋共8个主题，集曹薰铉、李昌镐成长经验和众多棋手的智慧于一体，使用了韩国职业棋手的大量一手资料，其难度贯穿了围棋入门、提高、实战和入段等各个阶段，内容覆盖了实战围棋各个方面，是非常系统且透彻的围棋自学读物。

　　《精讲围棋棋形.定式常型》着重培养围棋爱好者的学习兴趣和思维方式，重视行棋感觉的培养，注重练习，强调实战。

　　本书由陈启承担资料翻译、整理工作，由石心平、范孙操负责稿件审校，并得到曹薰铉、李昌镐围棋研究室众多成员的大力协助，在此对他们的辛勤劳动表示诚挚的感谢。

　　衷心希望广大围棋爱好者能通过学习本书迅速提高棋力，并由此享受围棋带来的快乐。

编著者
2018 年 10 月

上 篇
问题 1 ~ 60　　　　　　　　　　　1

下 篇
问题 61 ~ 115　　　　　　　　　121

上篇

问题1~60

问题1

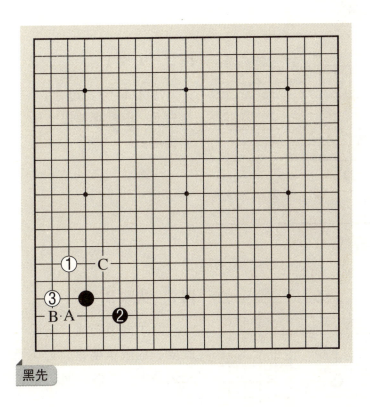

黑先

白1挂时，黑2小飞是坚实的下法，其后白3飞时，黑棋将面临选择。请在A～C中选择。

问题1解答

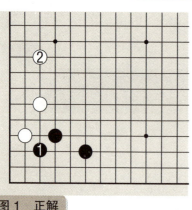

图1 正解

图1 正解

黑1尖守角,是求安定的要点,白2则拆二。这一进行是双方均可接受的基本定式。

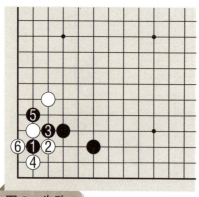

图2 失败1

图2 失败1

黑1靠操之过急,白2扳,以下至白6,白棋吃掉黑一子,而且还获取了实地。

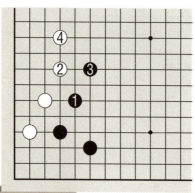

图3 失败2

图3 失败2

黑1向中腹飞,无视"金角银边草肚皮"的围棋格言,以下至白4,白棋左边很大,黑棋大损。

问题 2

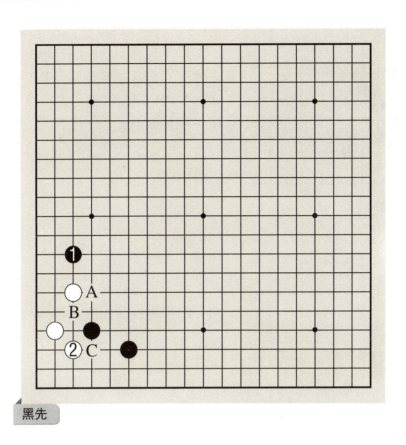

黑先

黑1夹是重视边的下法,白2取实地为必然,黑棋其后如何下是关键。请在 A～C 中选择。

问题 2 解答

图 1　正解 1

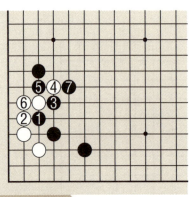

图 1　正解 1

黑 1 尖是正解，白 2 时，黑 3 虎是本手，白 4 如果扳，黑 5 打后，黑 7 可以征吃白一子。这一进行双方均可接受，是基本定式。

图 2　正解 2

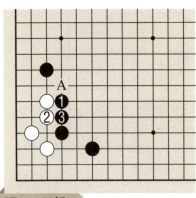

图 2　正解 2

黑 1 单挡也可以成立，白 2、黑 3 后，白棋有 A 位扳的余味。

图 3　失败

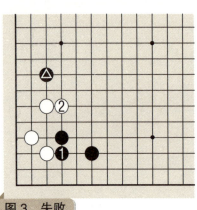

图 3　失败

黑 1 挡缺少气魄，白 2 后，黑△一子变得很弱。

问题3

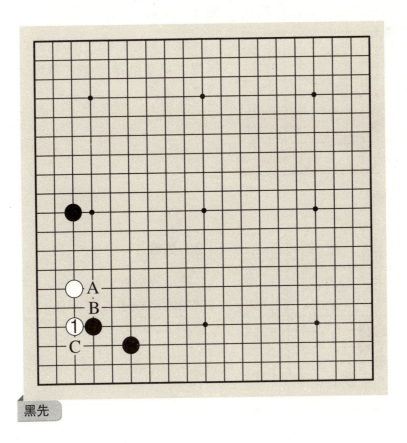

黑先

白1托时，黑棋如何应最好？请在A～C中选择。

问题 3 解答

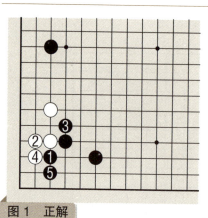

图1 正解

图1 正解

黑1扳是常识性应法，其后白2如果立，黑3则是攻击的急所，至黑5，白棋仍未活。

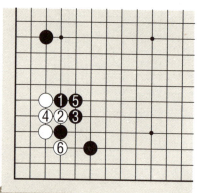

图2 失败1

图2 失败1

黑1靠重视中腹，白2、4挖接后，黑棋的断点很多，至白6，角已被白棋占据。

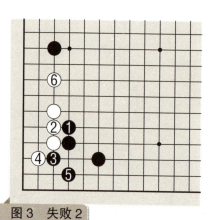

图3 失败2

图3 失败2

黑1长，让白2连接，黑棋同样不好，以下至白6，白优。

问题 4

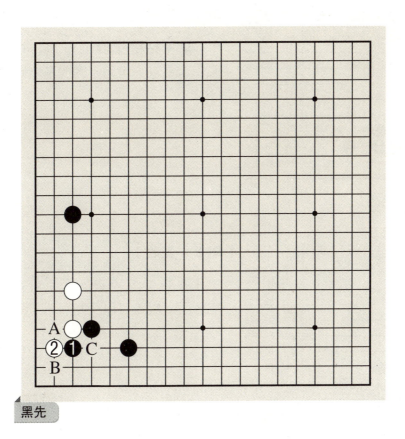

黑先

本图是黑1扳、白2反扳的棋形。此时黑棋如何下最佳?请在A~C中选择。

问题 4 解答

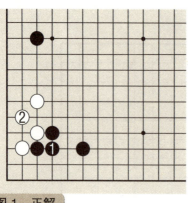
图 1 正解

图 1 正解

黑 1 粘是稳健的好棋，白 2 虎整形，这是双方均无不满的基本定式。

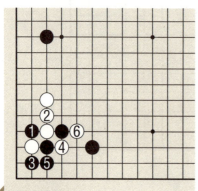
图 2 失败 1

图 2 失败 1

黑 1、3 打吃白一子不好，白 4 打吃之后，白 6 可以征吃黑一子。

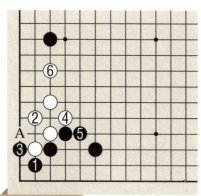
图 3 失败 2

图 3 失败 2

黑 1 连扳太过，白 2 虎，黑 3 打吃，以下至白 6，黑棋不利。其后 A 位做劫是黑棋的负担。

问题 5

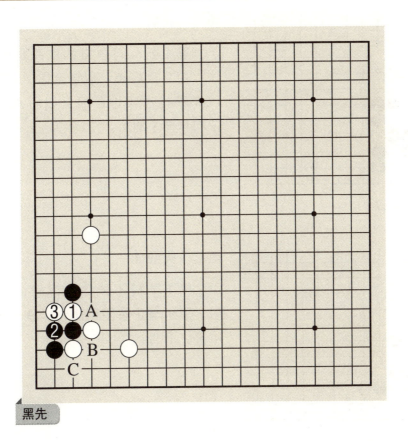

黑先

黑棋连扳时，白1打吃，然后白3挡下，白1、3是重视边的下法。那么请问黑棋如何下最佳？请在 A～C 中选择。

问题5解答

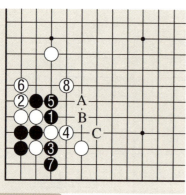

图1 正解

图1 正解

黑1断，问白棋的应手是正确下法，白2只好爬，以下至黑7，黑棋可以先手抢占实地，而且以后A、B、C位均可先手利用。

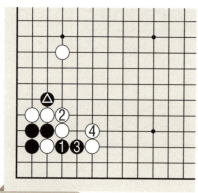

图2 失败1

图2 失败1

黑1单打不能令人满意，白2粘后，黑棋与正解图相比，黑▲一子的利用价值不高。

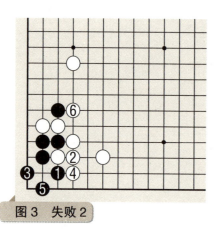

图3 失败2

图3 失败2

黑1打吃，其后黑3虎做活是最坏的选择，以下至白6，白棋的外势非常强大。

问题6

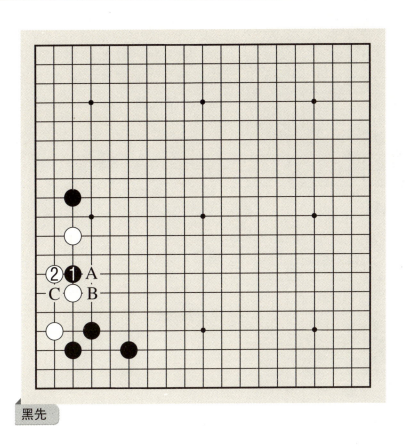

黑先

左边的棋形是基本定式。黑1靠,利用白棋的弱点,其后白2扳时,黑棋的下一手棋非常关键。那么请问黑棋应如何下?请在A～C中选择。

问题 6 解答

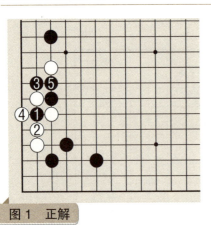

图 1　正解

图 1　正解

黑 1 断，分断白棋，是攻击的急所。白 2 如果打吃，黑 3、5 后，上侧白一子被隔断。

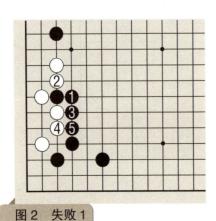

图 2　失败 1

图 2　失败 1

黑 1 长，白 2 顶，以下至黑 5，黑棋外势虽强，但被白先手安定。

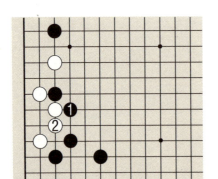

图 3　失败 2

图 3　失败 2

黑 1 扳，白 2 长，黑棋同样没有占到便宜。

问题7

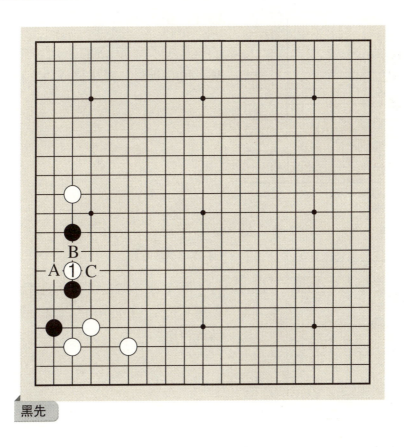

黑先

白1靠是攻击的急所,黑棋现在如要联络,其急所在哪里?请在A～C中选择。

问题7解答

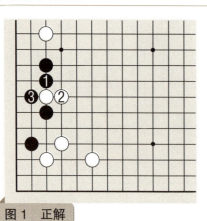

图1 正解

图1 正解

黑1顶是联络的急所,白2如果长,黑3扳过,黑棋已成功联络。

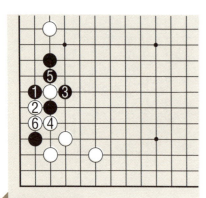

图2 失败1

图2 失败1

黑1扳,则白2扭断是手筋,黑3如果打吃,白4、6后,角上黑一子已落入白棋的手中。

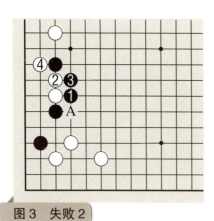

图3 失败2

图3 失败2

黑1扳,白2顶,黑3时,白4可以渡过,以后A位的弱点是黑棋的负担。

问题8

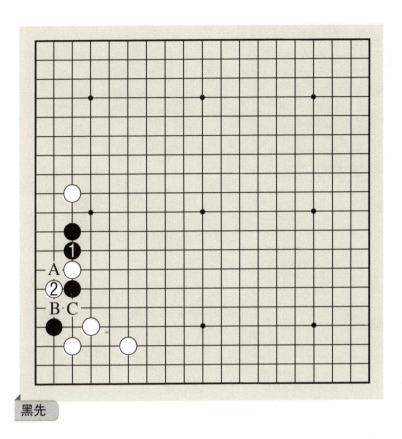

黑先

　　黑1顶,白2扳。白2的意图是分断黑棋并对其进行攻击。那么请问黑棋应如何补棋?请在A～C中选择。

问题8解答

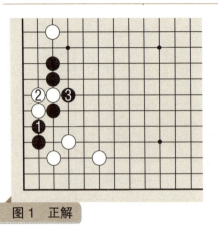

图1 正解

黑1是避免被白棋分断的唯一下法，其后白2如果粘，黑3挡即可。

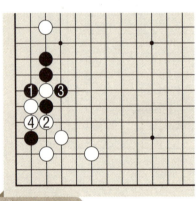

图2 失败1

黑1打吃正合白意，白2反打，其后白4粘，角上黑一子被吃。

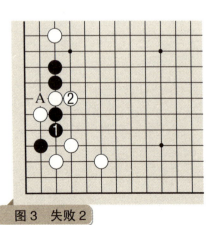

图3 失败2

黑1长同样不行，白2长后，黑棋不能在A位断。

问题9

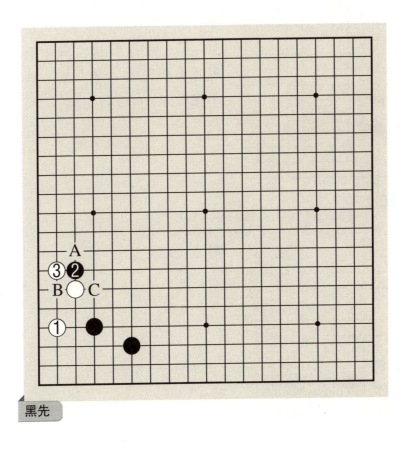

黑先

　　白1飞时,黑2靠,其后白3扳时,黑棋面临选择。请在A～C中选择。

问题9解答

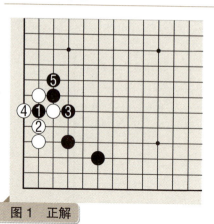

图1　正解

图1　正解

黑1断是好棋，白2如果打吃，黑3先手打后，黑5长，这是定式，黑厚。

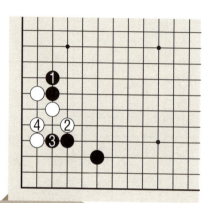

图2　失败1

黑1长，白2尖顶后，黑棋被分断，失败。

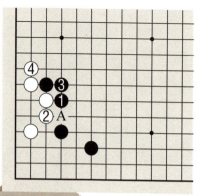

图3　失败2

黑1扳，白2长后，黑棋同样不好。其后黑3粘，A位的弱点仍是黑棋的负担。

问题 10 ▶

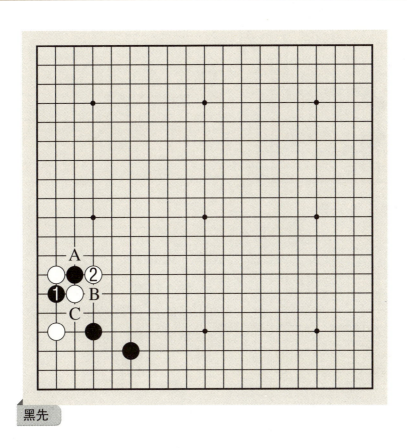

黑先

黑1断,白2打吃,其后黑棋如何下最佳?请在 A ~ C 中选择。

问题10 解答

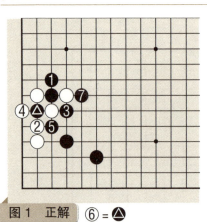

图1 正解　⑥=▲

图1　正解

黑1长是唯一正确的选择,白2如果打吃,黑3、5先手利用后,黑7征吃,黑棋非常满足。

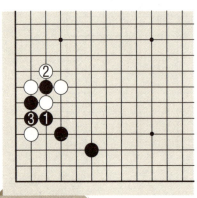

图2　失败1

图2　失败1

黑1打吃,白2提,黑3粘,黑棋可以断吃白一子,但让白棋先手获取外势,黑棋不满,而且角上仍留有余味。

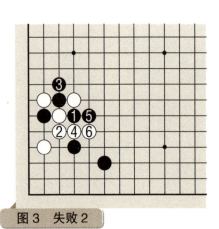

图3　失败2

图3　失败2

黑1打吃,感觉不对,白2以下至白6,白棋成功突围,下方黑二子已非常弱。

问题 11

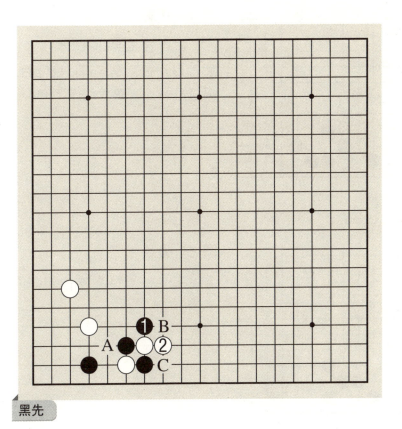

黑先

黑1打吃，白2长，其后黑棋如何下是关键。请问黑棋如何选择？请在 A～C 中选择。

问题 11 解答

图 1　正解

黑 1 在二路长是本手。白 2 打吃后，白 4 粘，黑 5 可以征吃白二子，结果形成转换，双方均无不满。

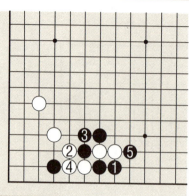

图 1　正解

图 2　失败 1

黑 1 长，白 2 吃住黑一子，黑棋不满。

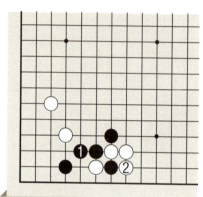

图 2　失败 1

图 3　失败 2

黑 1 压，白 2 同样打吃，其后白 4 粘，与正解图相比，黑棋吃不住白△二子，黑棋不满。

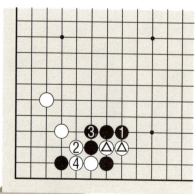

图 3　失败 2

问题 12

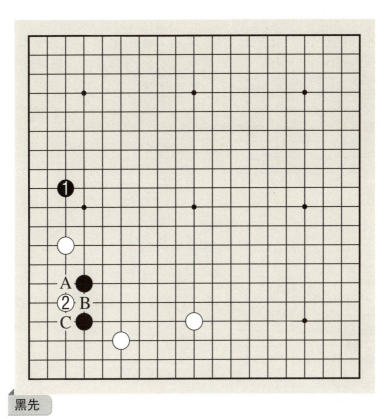

黑先

黑1夹攻时,白2点,此时黑棋如何应付最佳?请在 A～C 中选择。

问题 12 解答

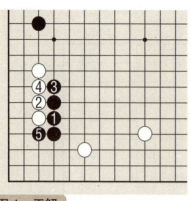

图 1　正解

图 1　正解

黑 1 连接是本手，白 2 如果连回，黑 3 长，然后黑 5 挡，黑棋充分。

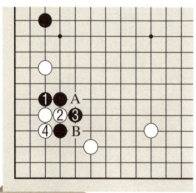

图 2　失败 1

图 2　失败 1

黑 1 挡无理，白 2 冲，黑 3 挡，白 4 拐，A 位和 B 位均是黑棋的致命弱点。

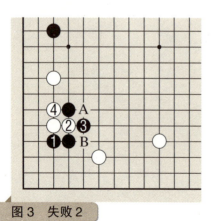

图 3　失败 2

图 3　失败 2

黑 1 挡角内侧，白 2 冲后，白 4 联络，黑棋仍有 A 位和 B 位的弱点。

问题 13

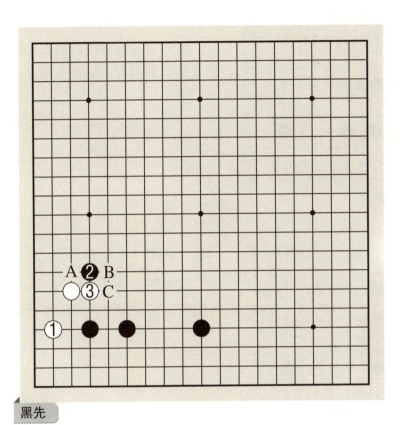

黑先

　　白1飞时,黑2肩冲取外势,白3长,黑棋以后不好应。请在 A～C 中选择。

问题13 解答

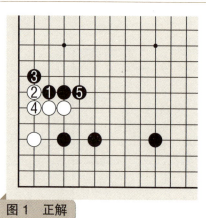

图1 正解

图1 正解

黑1挡下是好棋,白2、4扳粘时,黑5长,黑棋可以封锁白棋。

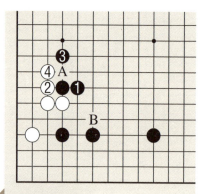

图2 失败1

黑1长,白2、4后,黑棋由于有A位和B位的弱点,结果不好。

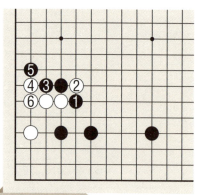

图3 失败2

图3 失败2

黑1扳,白2断,黑棋不好应。其后黑3挡,白4、6扳粘,黑棋作战不利。

问题 14

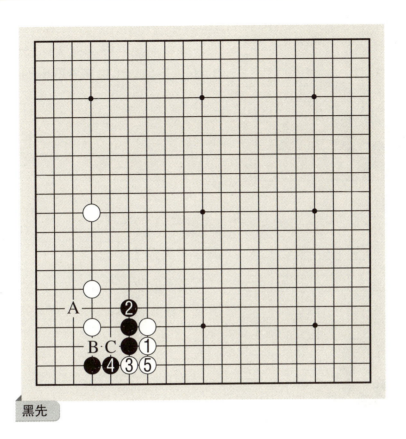

黑先

　　白1挡,黑2长,其后白3、5扳粘是棋形的急所,黑棋的下一手棋非常关键。请在 A ~ C 中选择。

问题 14 解答

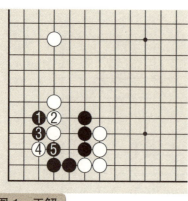

图 1　正解

图 1　正解

黑 1 点是好棋，白 2 只好连接，黑 3、5 联络后，黑棋可占取角地。

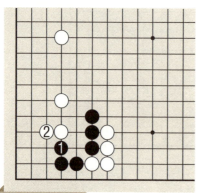

图 2　失败 1

图 2　失败 1

黑 1 联络不好，白 2 立后，黑棋仍然处于被攻状态。

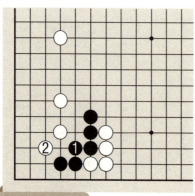

图 3　失败 2

图 3　失败 2

黑 1 粘是最差的下法，白 2 尖后，黑棋整体处于受攻状态。

问题 15

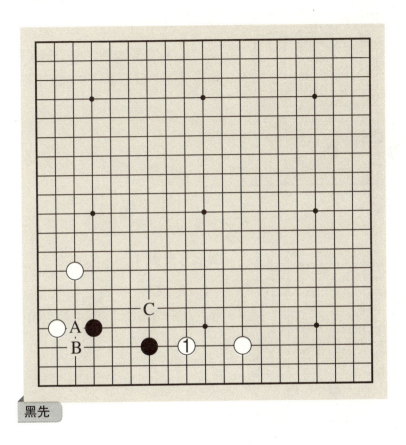

黑先

白1逼攻时，黑棋补角是必然的着法，那么请问A～C中补哪一位置最佳？

问题 15 解答

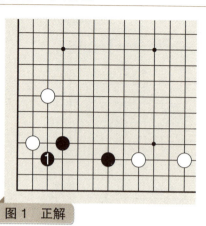

图 1　正解

黑 1 尖是本手，有了这手棋后，其角地将不再受攻。

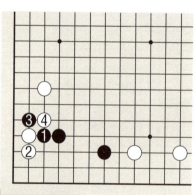

图 2　失败 1

黑 1 顶，被白 2 反击后，黑棋不好。其后黑 3 扳，白 4 断，黑棋不利。

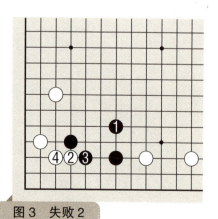

图 3　失败 2

黑 1 跳补方向错误，白 2、4 托退后，黑棋仍有受攻的可能。

问题 16

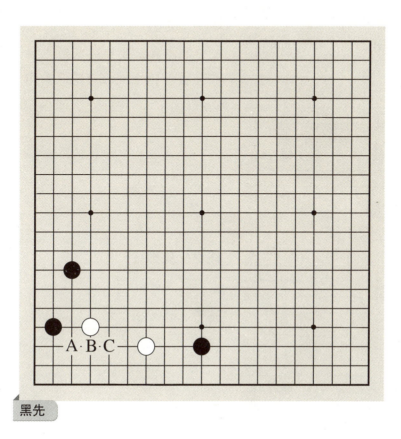

黑先

白棋在角上脱先,黑棋欲有效地攻击白棋,其最佳方法是什么?请在 A～C 中选择。

问题 16 解答

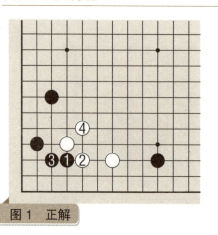

图 1　正解

黑 1 托是最有效的攻击方法，其后白 2 扳、白 4 虎，这是双方均无不满的定式。

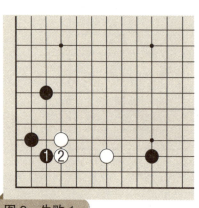

图 2　失败 1

黑 1 尖，白 2 挡，与正解图相比差别很大，黑棋不满。

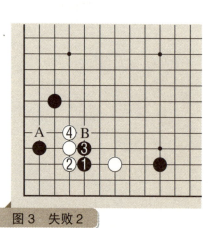

图 3　失败 2

黑 1 打入多少有点无理，白 2 挡，黑 3 时，白 4 长，以后 A 位和 B 位白棋必居其一，黑棋不利。

问题 17

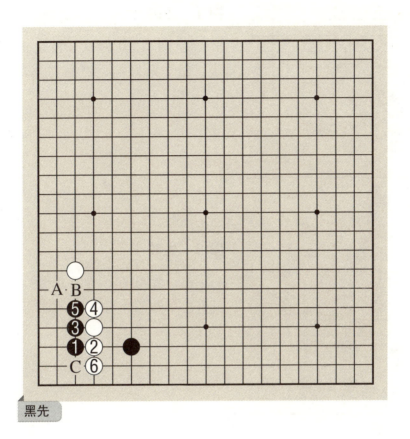

黑先

黑1点三三,白2挡,以下至白6均是定式,黑棋以后如何下是关键。请在 A～C 中选择。

问题17 解答

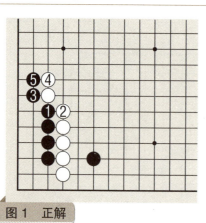

图1 正解

图1 正解

黑1顶,其后黑3扳是正确的应法,白2只好挡,然后白4长,至黑5,黑棋已安定。

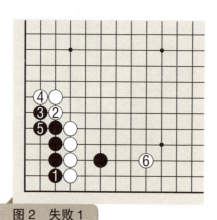

图2 失败1

图2 失败1

黑1挡软弱,白2顶住,黑3、5只好后手做活,至白6,黑棋不利。

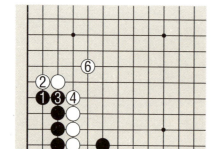

图3 失败2

图3 失败2

黑1尖同样不好,白2挡,黑3、5只好求安定,至白6,白棋获得了坚实的外势。

问题 18

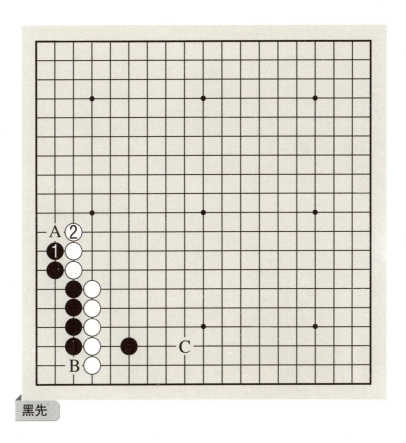

黑先

黑1爬,白2长,其后黑棋如何下是关键。请在 A～C 中选择。

问题 18 解答

图 1　正解

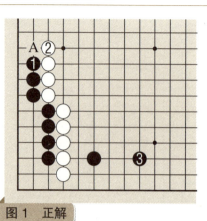

图 1　正解

黑 1 在二路爬是本手。白 2 如果跟着长，黑 3 则可以拆二，以后白 A 挡并不是先手，黑棋有利。

图 2　失败 1

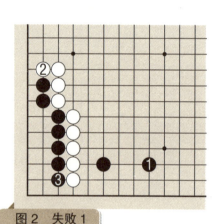

图 2　失败 1

黑 1 立即脱先，白 2 挡是先手，黑棋不满。

图 3　失败 2

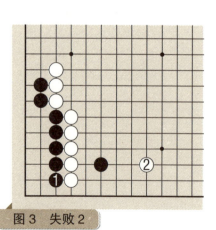

图 3　失败 2

黑 1 立即做活同样不好，白 2 夹攻后，黑棋不利。

问题 19

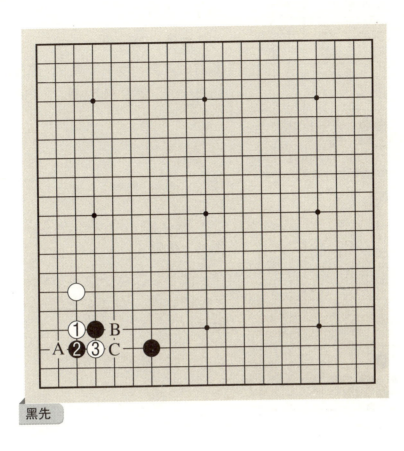

黑先

白1托，黑2扳，白3断时，黑棋如何应最佳？请在A～C中选择。

问题 19 解答

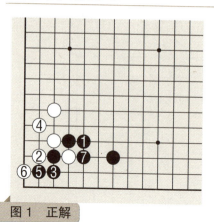

图 1　正解

黑 1 长是沉着的应手，白 2 打吃，其后白 4 虎，以下至黑 7，黑棋可以吃住白一子，这是双方均无不满的定式。

图 1　正解

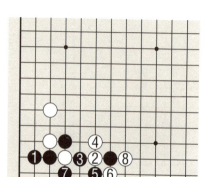

图 2　失败 1

黑 1 长，白 2 靠是手筋，其后黑 3 如果打吃，白 4 长以下至白 8，黑棋不好。

图 2　失败 1

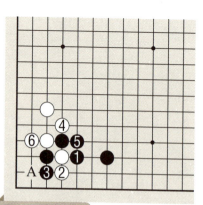

图 3　失败 2

黑 1 打吃，白 2 时，黑 3 挡，虽可吃住白二子，但白 4 打吃、白 6 立，以后白棋还有 A 位靠的利用，黑棋不好。

图 3　失败 2

问题 20

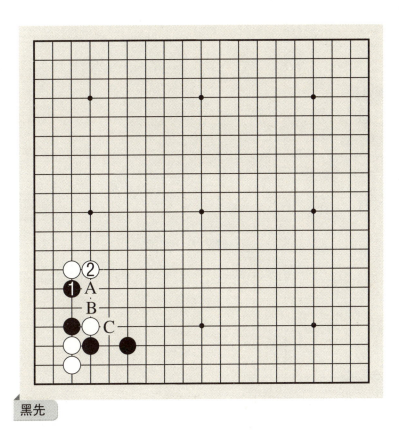

黑先

黑1靠,白2长时,黑棋应如何整形最佳?请在 A ~ C 中选择。

问题 20 解答

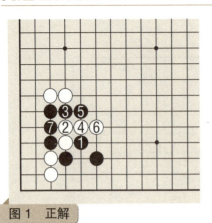

图 1　正解

黑 1 打吃正确，白 2 只好长，以下至黑 7，结果黑棋有利。

图 1　正解

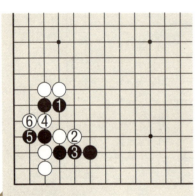

图 2　失败 1

黑 1 长，白 2 以下至白 6 对黑棋实施攻击，黑棋不好。

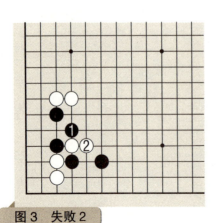

图 3　失败 2

黑 1 打吃同样不好，白 2 长，黑棋被分断。

图 3　失败 2

问题 21

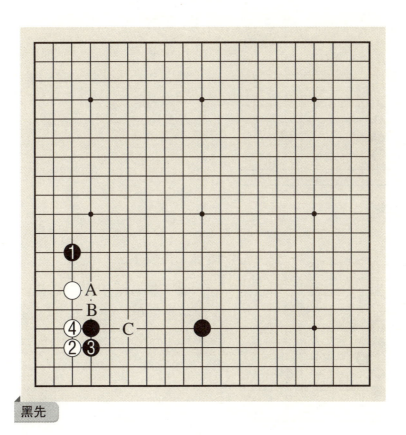

黑先

黑1夹攻时，白2点三三取实地，其后黑3挡，白4退时，黑棋面临选择。请在 A～C 中选择。

问题 21 解答

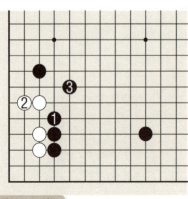

图 1　正解

黑1长是急所，白2下立补断点时，黑3飞构筑外势，这一进行是双方均无不满的定式。

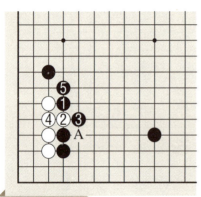

图 2　失败 1

黑1靠，试图封锁白棋，但白2、4挖接是好棋，至黑5，A位的弱点是黑棋的负担。

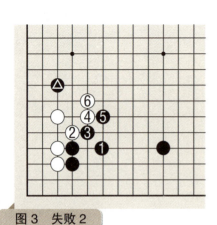

图 3　失败 2

黑1单跳，被白2抢占急所后，黑棋更加不好。以下进行至白6，黑▲一子被削弱。

问题 22

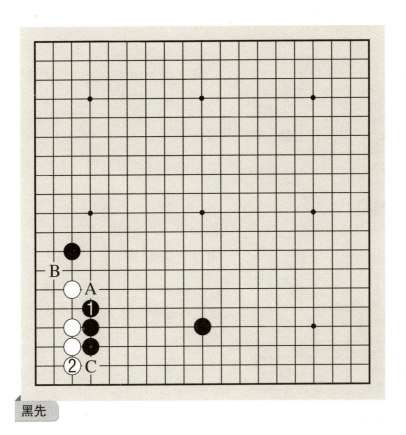

黑先

黑1长,白2下立时,黑棋如何应最佳?请在 A～C 中选择。

问题 22 解答

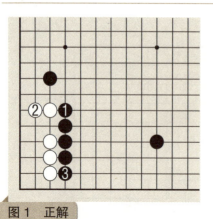

图 1　正解

黑 1 挡是本手，白 2 只有自补，此时黑 3 在下侧挡，这一结果是双方均可接受的基本定式。

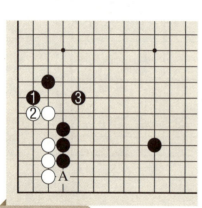

图 2　失败 1

黑 1 尖，白 2 挡时，黑 3 补棋，黑棋同样落为后手，但 A 位还漏着风，黑棋不好。

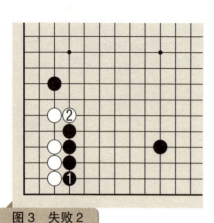

图 3　失败 2

黑 1 立即挡，白 2 长，黑棋上下被分断。

问题 23

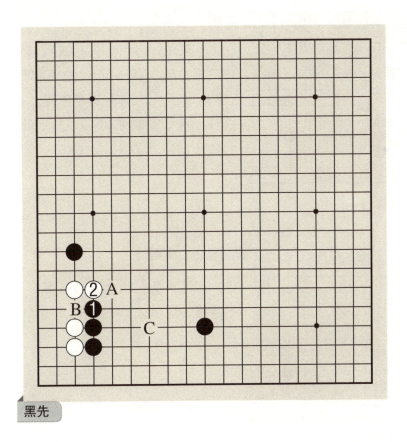

黑先

　　黑1抢占急所，白2挺头，黑棋在此形势下如何应最佳？请在A～C中选择。

问题23 解答

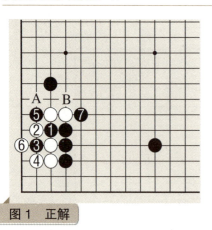

图1 正解

黑1、3冲断是正确的选择,白4只好打吃,黑5可以先手利用,再黑7扳二子头,从而封锁中腹。以后白A时,黑B应即可。

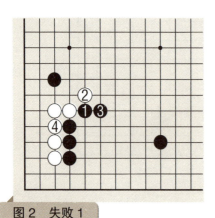

图2 失败1

黑1扳,白2反扳,黑3时,白4连接,黑棋被上下分断。

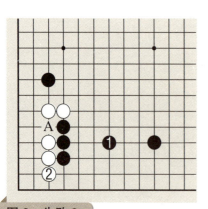

图3 失败2

黑1补,未能充分利用对方的弱点,白2下立,白棋即可解除A位的弱点。

问题 24

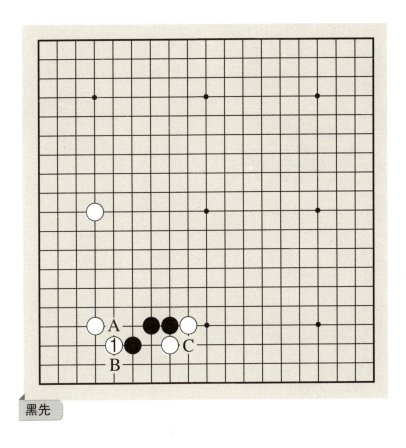

黑先

白1尖顶时,黑棋如何才能有效地处理三子?请在 A～C 中选择。

问题 24 解答

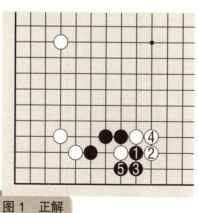

图1 正解

图1 正解

黑1断是本手,白2打吃,其后白4粘,至黑5,黑棋可以吃住白一子而安定。

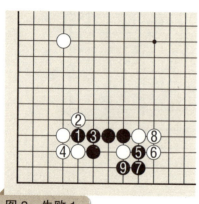

图2 失败1

图2 失败1

黑1虎,被白2先手利用,黑棋痛苦。白4粘以下至黑9,白棋左下角已巩固,黑损。

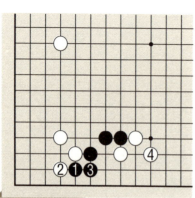

图3 失败2

图3 失败2

黑1扳、3粘同样不好,白4虎后,黑棋整体处于受攻状态。

问题 25

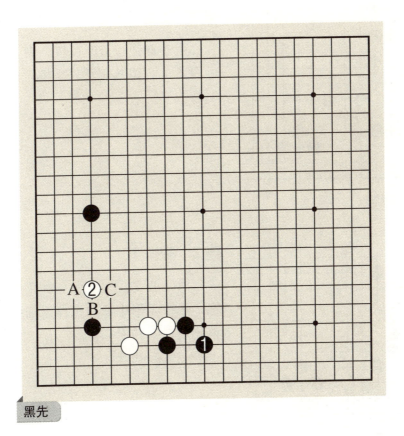

黑先

黑1虎,白2夹攻,其后黑棋如何才能处理好角上一子,其有效的手段是什么?请在 A～C 中选择。

问题 25 解答

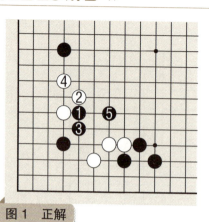
图 1 正解

图 1 正解

黑 1 靠强行分断白棋，白 2 扳，其后白 4 虎，黑 5 则跳，黑棋可以攻击下侧白三子。

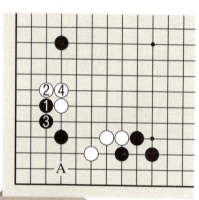
图 2 失败 1

图 2 失败 1

黑 1 托过于消极，白 2 扳，白 4 粘，黑棋无形中使白棋得以加强，而黑角还须在 A 位补棋。

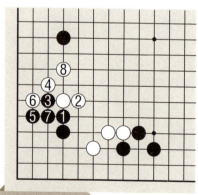
图 3 失败 2

图 3 失败 2

黑 1 顶，白 2 长后，黑棋同样不好。以下至白 8，结果与图 2 大同小异。

问题 26

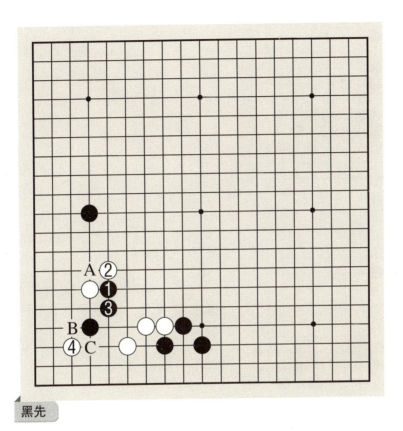

黑先

黑1靠，白2扳，黑3退时，白4点三三，黑棋在此形势下应如何应对？请在A～C中选择。

问题 26 解答

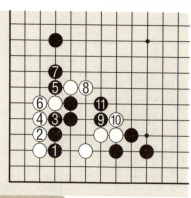

图 1　正解

图 1　正解

黑 1 挡方向正确，白 2 如果联络，以下至黑 11，黑棋充分可战。

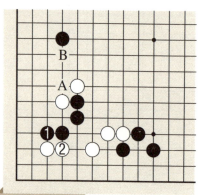

图 2　失败 1

图 2　失败 1

黑 1 挡方向错误，白 2 联络，白棋非常满足。以后黑 A 断时，白 B 靠即可。

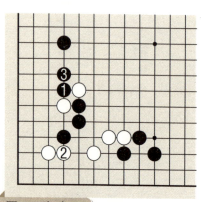

图 3　失败 2

图 3　失败 2

黑 1 断，白 2 联络后，黑棋同样失败。黑 3 长虽然很厚，但是是后手。

问题 27

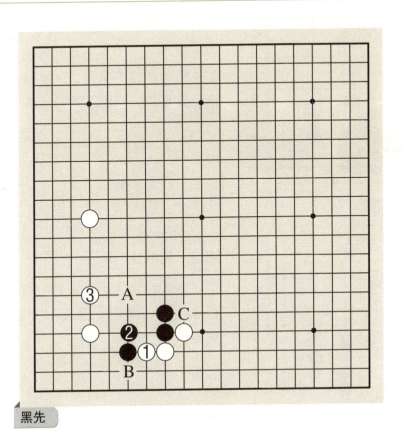

黑先

白1顶,黑2长时,白3单跳,黑棋如何处理四子最佳?请在 A～C 中选择。

问题 27 解答

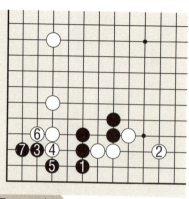

图1 正解

图1 正解

黑1下立，是一举两得的下法。白2补断点，以下至黑7，黑棋在角上做活。这是双方均无不满的定式。

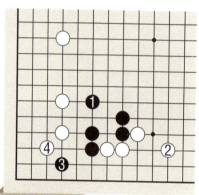

图2 失败1

图2 失败1

黑1单跳，白2补棋，黑3飞时，白4尖角，黑棋仍是受攻对象，黑棋失败。

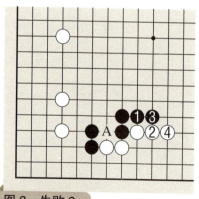

图3 失败2

图3 失败2

黑1拐是最坏的选择，以下进行至白4，黑棋让白棋取得很大实地，A位仍是黑棋的负担。

问题 28

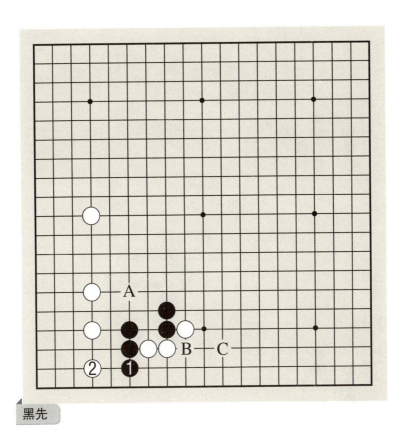

黑先

　　黑1下立时，白2单跳守角，其后黑棋如何下最佳？请在A～C中选择。

问题28 解答

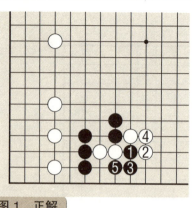

图1 正解

图1 正解

黑1断，是吃住白二子就地生根的唯一方法，以下至黑5，黑棋可获安定。

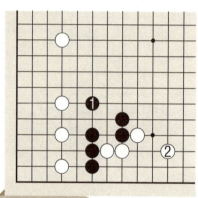

图2 失败1

图2 失败1

黑1单跳毫无意义，白2补棋后，黑棋仍是受攻的对象。

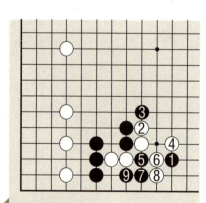

图3 失败2

图3 失败2

黑1逼攻，白2、4后，黑棋失算。黑5断，以下至黑9，黑棋虽可吃住白二子，但右侧黑一子却被白棋吃住，黑棋不满。

问题29

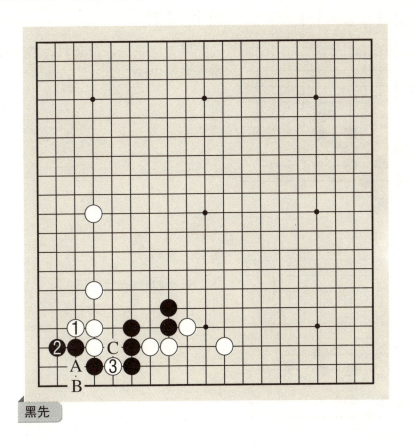

黑先

白1挡时，黑2长是有效的应法，但白3挖时，黑棋如应对不好，黑2有可能成为恶手。请问黑棋应如何应对？请在A～C中选择。

问题 29 解答

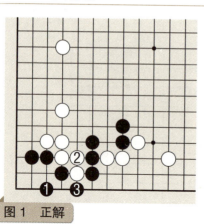

图1　正解

图1　正解

黑1虎正确，白2时，黑3渡过即可，黑棋已活。

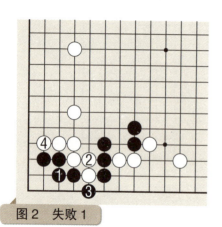

图2　失败1

图2　失败1

黑1粘，白2同样粘，黑3渡过时，白4挡，角上黑棋未活，黑棋不满。

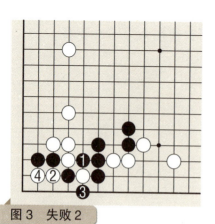

图3　失败2

图3　失败2

黑1打吃，白2反打后，白4挡，角上黑二子被吃。

问题 30

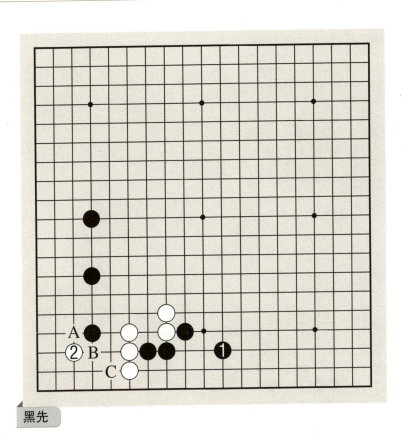

黑先

黑1飞补时,白2点三三进角,黑棋如何应付为好?请在A～C中选择。

问题 30 解答

图 1 正解

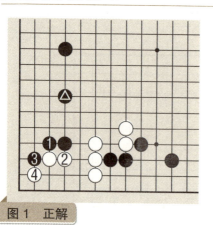

图 1 正解

黑 1 挡，与黑△子保持合理的间隔，是正确的选择。白 2 联络时，黑 3 与白 4 交换一下，这是定式。

图 2 失败 1

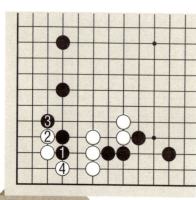

图 2 失败 1

黑 1 挡，白棋则有白 2 的反击手段，黑棋不好。以下至白 4，黑棋与正解图相比差别很大。

图 3 失败 2

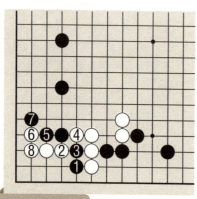

图 3 失败 2

黑 1 是最坏的选择，白 2、4 切断，以下至白 8，白棋占取很大实地。

问题 31

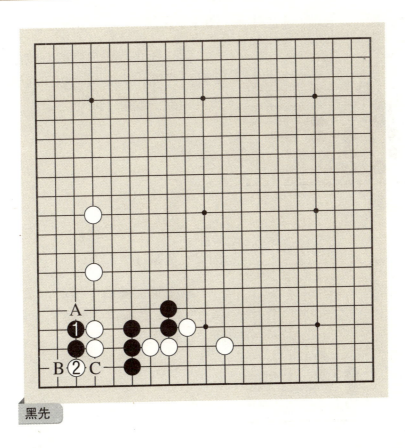

黑先

黑1长，白2扳，黑棋追攻白棋弱点的有效手段是什么？请在A～C中选择。

问题 31 解答

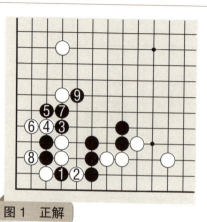

图1 正解

图1 正解

黑1断是攻击白棋的有效手段,白2只好打吃,黑3扳,以下至黑9,黑棋利用弃子取得了成功。

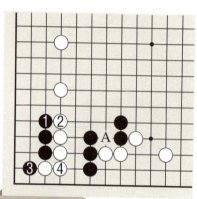

图2 失败1

图2 失败1

黑1长,被白2挡后,黑棋不好。黑3、白4交换后,A位的弱点仍是黑棋的负担。

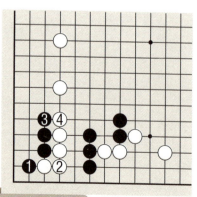

图3 失败2

图3 失败2

黑1扳,白2粘,结果与图2相同。

问题 32

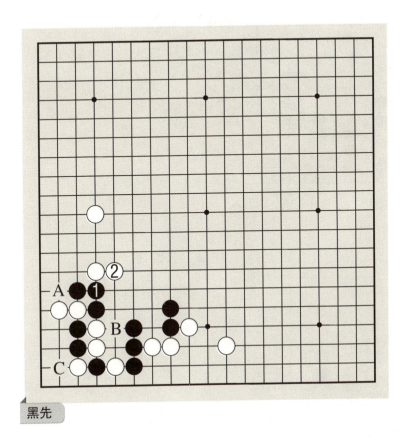

黑先

黑1粘，白2长，白2是不能成立的无理手，那么黑棋惩罚白棋错误的方法是什么？请在A～C中选择。

问题 32 解答

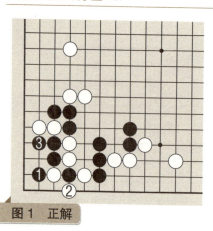

图1 正解

图1　正解

黑1打吃，白2提子时，黑3挡，即可简单吃白二子。

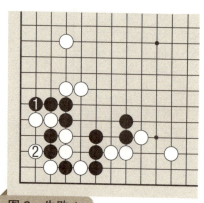

图2　失败1

黑1挡，白2打吃后，黑棋大损。

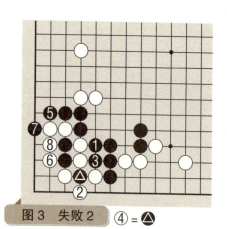

图3 失败2　④=▲

图3　失败2

黑1打吃，被白2提去一子后，黑棋的损失同样很大。以下至白8，黑棋未占到便宜。

问题 33

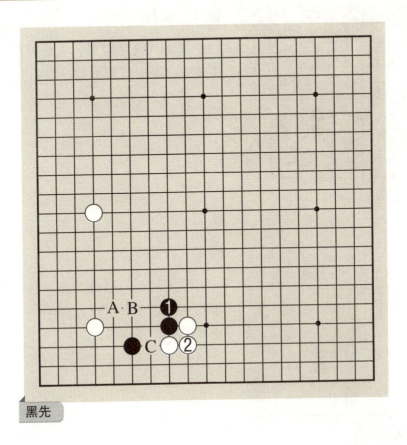

黑先

黑1长，白2粘，其后黑棋处理三子的有效手段是什么？请在 A～C 中选择。

问题33解答

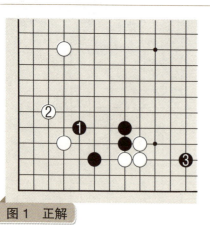

图1 正解

图1 正解

黑1飞先手整形，白2补棋时，黑3夹攻，黑棋可以掌握局面的主动权。

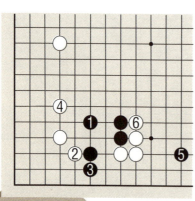

图2 失败1

图2 失败1

黑1跳补，被白2先手利用后，黑棋痛苦。黑3补棋时，白4跳，黑棋与正解图相比差别很大。

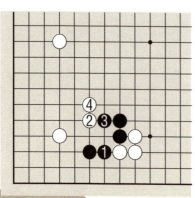

图3 失败2

图3 失败2

黑1顶，白2点方，黑棋不好应。黑3时，白4长，白棋有利。

问题 34

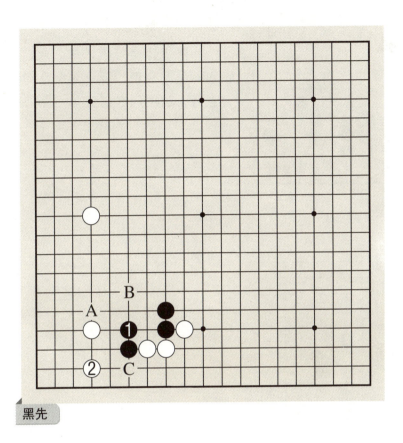

黑先

黑1长，白2单跳守角，此时黑棋如何处理最佳？请在A～C中选择。

问题 34 解答

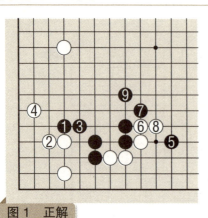

图1 正解

图1 正解

黑1搭是好棋，白2立，其后白4飞，黑5夹攻，以下至黑9均是预想的进行，黑棋形舒畅。

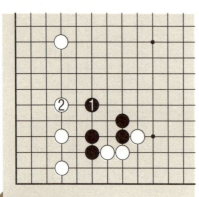

图2 失败1

图2 失败1

黑1单跳，被白2补棋后，黑1成为疑问手，黑棋无形中帮对方巩固了角地。

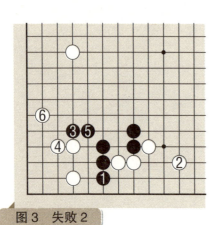

图3 失败2

图3 失败2

黑1下立，白2补棋，黑棋不好。其后黑3搭，以下进行至白6，黑棋与正解图相比有一手棋的差别。

问题 35

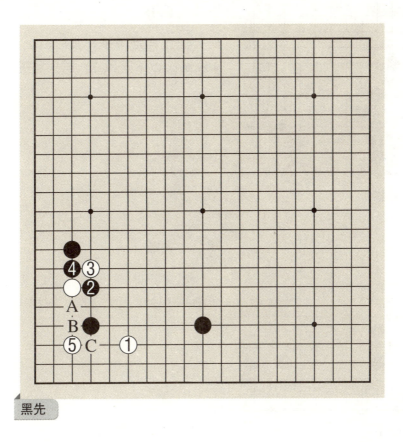

黑先

白1双飞燕夹攻，黑2靠压，白3扳，黑4、白5之后，黑棋如何应是关键。请在 A ~ C 中选择。

问题 35 解答

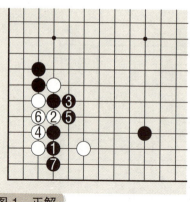

图 1　正解

图 1　正解

黑 1 挡是本手，其后白 2 打吃，白 4 联络，以下至黑 7，结果黑棋有利。

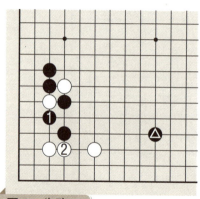

图 2　失败 1

图 2　失败 1

黑 1 打吃缺少气魄，白 2 联络后，黑▲一子价值大大下降，黑棋不满。

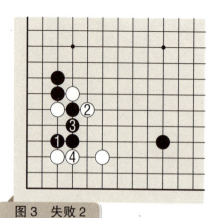

图 3　失败 2

图 3　失败 2

黑 1 挡是最坏的选择，白 2 打吃，黑 3 只有连接，结果黑棋下成空三角的愚形。

问题 36

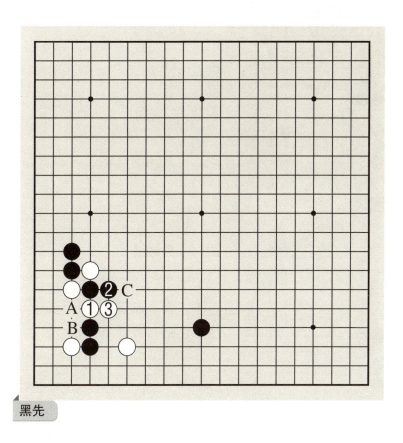

黑先

白1打吃,黑2长,白3切断黑棋上下的联络,其后黑棋如何应是关键。其最佳对策是什么?请在 A～C 中选择。

问题36 解答

图1 正解

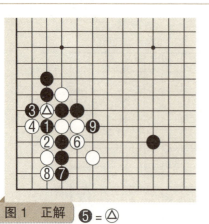

图1 正解　❺=△

黑1打吃是本手，以下至白6，白棋虽吃住黑二子，但黑9扳后，黑棋厚势。

图2 失败1

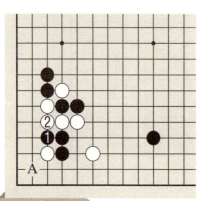

图2 失败1

黑1拐，白2粘之后，黑1成为大恶手，而且白棋角上一子还有A位尖做活的余味，黑棋不满。

图3 失败2

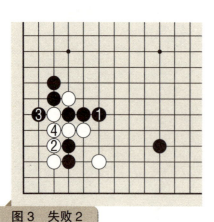

图3 失败2

黑1长，白2虎，黑棋不好。其后黑3先手利用，但与正解图相比，黑仍损。

问题 37

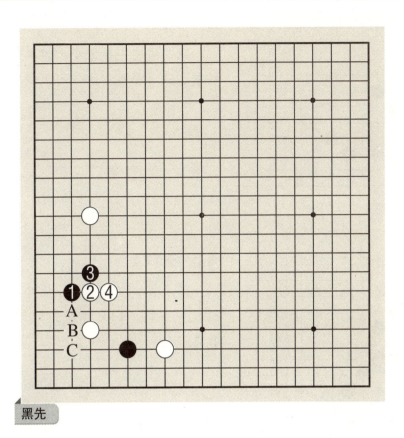

黑先

　　黑1双飞燕夹攻,白2靠压,黑3扳,白4长时,黑棋考虑到周围的白棋过于强大,欲尽快安定自己。那么请问正确的下法是什么?请在A～C中选择。

问题 37 解答

图 1　正解

黑 1 点三三是本手，以下至白 4 是基本定式。黑 5 尖出，可以伺机攻击白△一子。

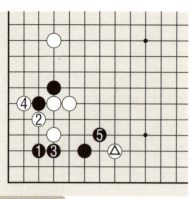

图 1　正解

图 2　失败 1

黑 1 长，其后黑 3、5 冲断无理，白 6 下立后，白 8 单跳是好棋，黑棋难受。

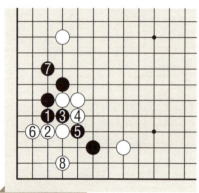

图 2　失败 1

图 3　失败 2

黑 1 托同样不好，白 2 先扳，再 4 粘是好次序，结果黑棋两块棋都受攻。

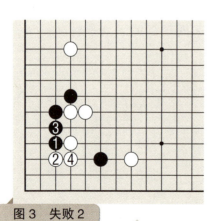

图 3　失败 2

问题 38

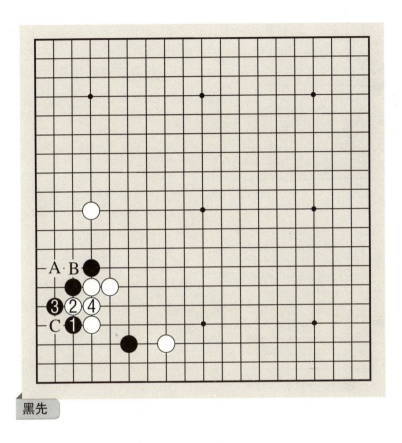

黑先

黑1托时,白2、4挖接是常用的应手,其后黑棋须补自身弱点,其正确的补法是什么?请在 A ~ C 中选择。

问题 38 解答

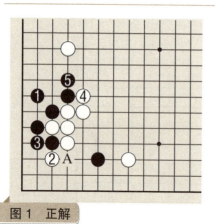

图1 正解

黑1双虎是本手，其后白2打吃，白4拐，至黑5是基本定式。黑棋以后还可瞄着白棋A位的弱点。

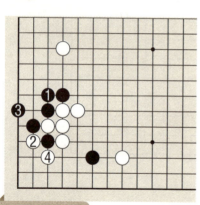

图2 失败1

黑1粘，白2时，黑3再补棋，白4提子后，黑棋不满。

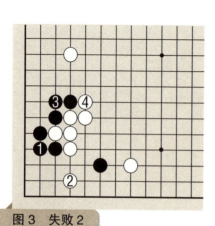

图3 失败2

黑1粘角上同样不好，白2单跳，黑3补棋，至白4，黑棋不利。

问题 39

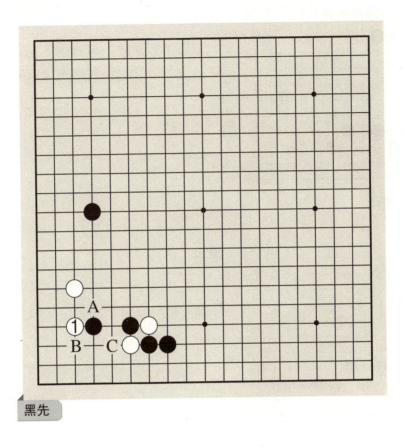

白 1 托时,黑棋最佳的应法是什么?请在 A ~ C 中选择。

问题 39 解答

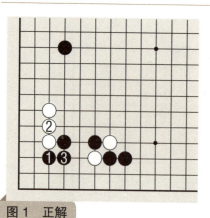

图 1　正解

图 1　正解

黑 1 扳是唯一可行的下法，白 2 如果连接，黑 3 粘，结果黑棋有利。

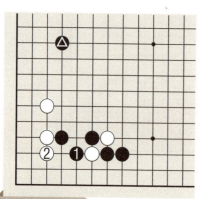

图 2　失败 1

图 2　失败 1

黑 1 虎，白 2 长后，黑棋失败。黑△一子的位置不理想，故黑棋不利。

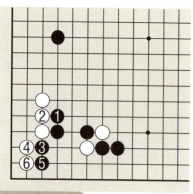

图 3　失败 2

图 3　失败 2

黑 1 长，白 2 连接，黑棋同样不好。黑 3 扳，白 4、6 之后，黑棋不利。

问题 40

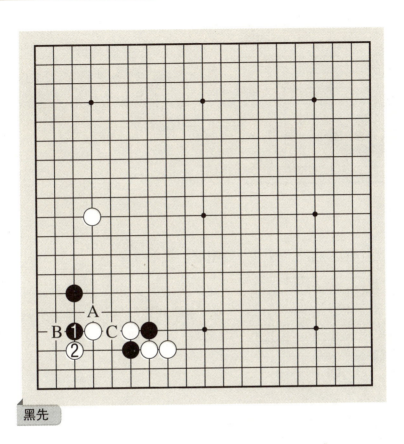

黑1托时,白2扳必然,其后黑棋应如何利用对手的弱点进行整形?请在 A ~ C 中选择。

问题 40 解答

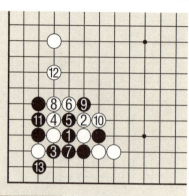

图 1　正解

图 1　正解

黑 1、3 连续打吃，是利用白棋弱点的好棋。以下进行至黑 13，次序虽然复杂，但黑棋吃住角上白一子后，黑棋可以满足。

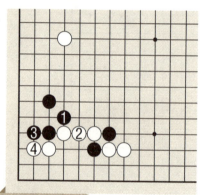

图 2　失败 1

图 2　失败 1

黑 1 虎，白 2 连接后，以下至白 4，白棋获取了实地，黑棋失败。

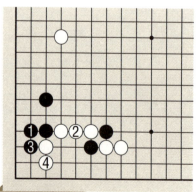

图 3　失败 2

图 3　失败 2

黑 1 下立，白 2 连接后，黑棋同样失败。以后黑 3 拐，白 4 立，结果与图 2 大同小异。

问题 41

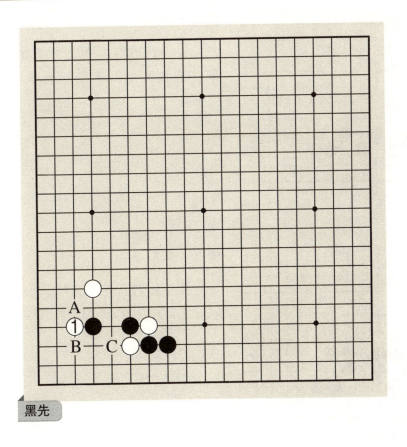

黑先

白1托时,黑棋如何考虑自身的弱点来决定下一手棋?请在 A ~ C 中选择。

问题 41 解答

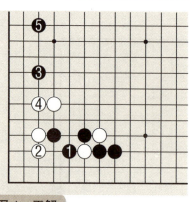

图 1　正解

黑 1 打吃是本手，白 2 如果进角，黑 3 逼攻又是好下法，至黑 5 是基本定式。

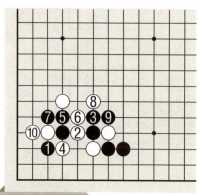

图 2　失败 1

黑 1 扳时，白 2、4 打吃的下法可以成立，以下至白 10，黑棋难受。

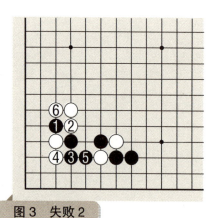

图 3　失败 2

黑 1 外扳同样无理，白 2 断，以下至白 6，黑损。

问题 42

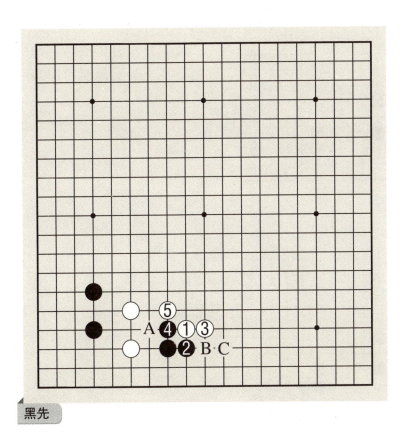

黑先

白1肩冲,意在谋取中腹,黑2长,以下至白5时,黑棋的下一手棋非常关键。请问黑棋应如何下?请在 A ~ C 中选择。

问题 42 解答

图 1 正解

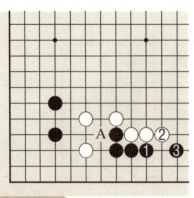

图 1 正解

黑 1 长，白 2 应后，黑 3 跳是正确的选择。其后黑棋可瞄着白棋 A 位的弱点。

图 2 失败 1

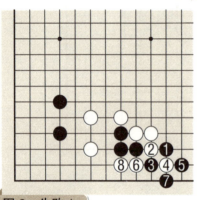

图 2 失败 1

黑 1 直接跳，白 2、4 则可冲断，其后黑 5 打吃白一子，但以下至白 8，黑三子被吃，黑棋大损。

图 3 失败 2

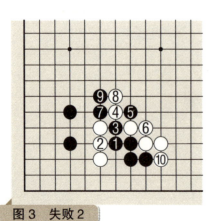

图 3 失败 2

黑 1 冲，强行切断白棋无理，以下至白 10 挡，黑棋反而受攻。

问题 43

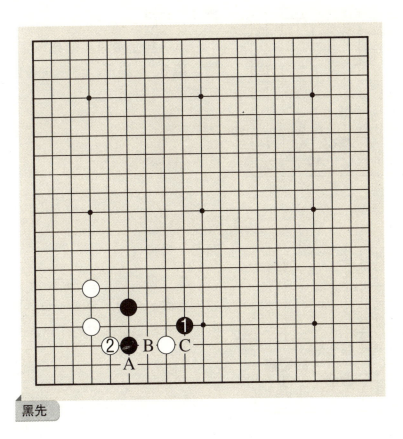

黑先

黑1肩冲，白2尖顶时，黑棋如何应最佳？请在 A～C 中选择。

问题43解答

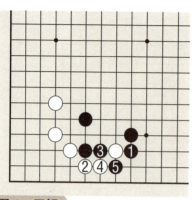

图1 正解

图1 正解

黑1挡是很厚实的处理方法,白2时,黑3、5整形,这一进行是双方均可接受的基本定式。

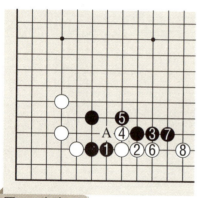

图2 失败1

图2 失败1

黑1顶,以下至白8,A位的弱点成为黑棋的负担,黑棋不好。黑棋让白棋走厚角地也是黑棋的不满。

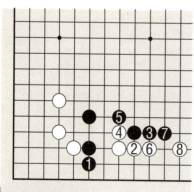

图3 失败2

图3 失败2

黑1下立,以下至白8,白棋两块棋都得到了处理,黑棋不满。

问题 44

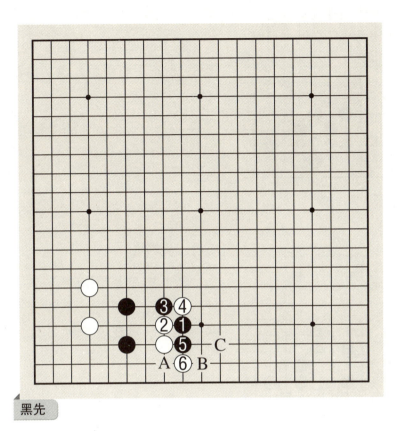

黑先

黑1时,白2、4冲断无理。黑5挡,白6扳时,黑棋如何应?请在A～C中选择。

问题 44 解答

图 1 正解

黑1断是手筋，白2只好打吃，黑3、5先手利用后，黑7单跳，黑棋优势。

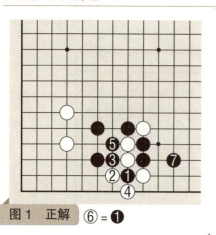

图1 正解　⑥=❶

图 2 失败 1

黑1扳虽是常识性下法，但白2时，黑3还须补棋，以下至白6，黑棋不好。白棋在A位和B位中必可占其一。

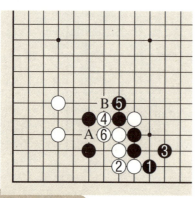

图2 失败1

图 3 失败 2

黑1单跳，白2打、4粘后，结果与图2大同小异。

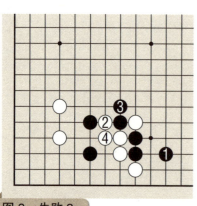

图3 失败2

问题 45

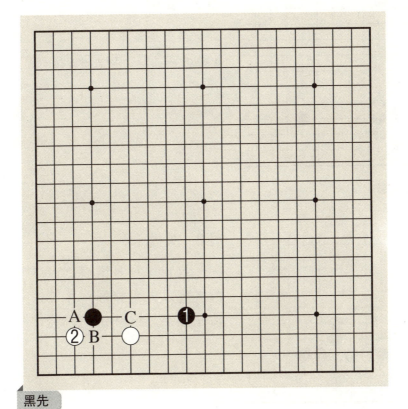

黑先

黑1夹攻，白2点三三时，黑棋如何应对最佳？请在 A～C 中选择。

问题 45 解答

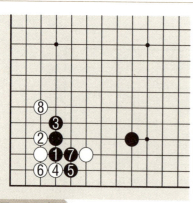

图1 正解

图1 正解

黑1挡是本手，白2长，以下至白8是定式，双方均无不满。

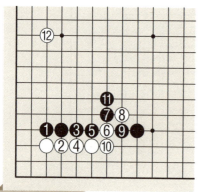

图2 失败1

图2 失败1

黑1挡方向错误，以下至黑11，白棋可以先手整形，并可先手抢占白12的要点，结果白棋有利。

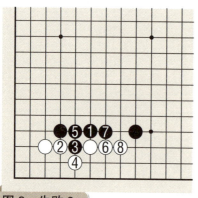

图3 失败2

图3 失败2

黑1是最差的应法，白2联络，黑3、5挖接，以下至白8，黑棋不利。

问题 46

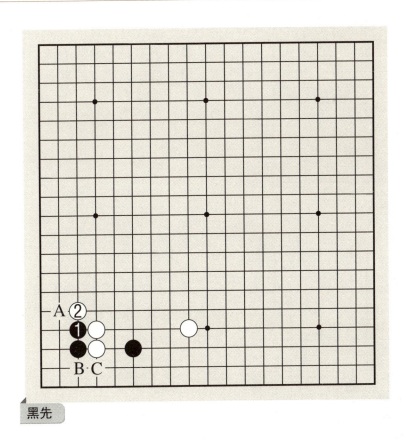

黑先

黑1长,白2扳头,但白2是无理手。请问黑棋应如何惩罚白棋?请在 A~C 中选择。

问题 46 解答

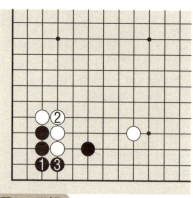

图1　正解

图1　正解

黑1下立是正确的下法，白2补弱点，黑3联络，结果黑棋有利。

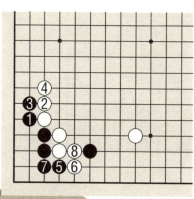

图2　失败1

图2　失败1

黑1扳虽是常识性下法，但白2以下至白8，黑棋让白棋走厚后，黑棋不利。

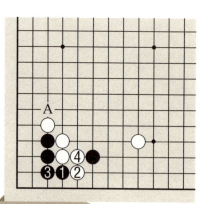

图3　失败2

图3　失败2

黑1、3扳粘，白2、4应，结果与图2大同小异。此后若黑A夹，白棋可向边上发展。

问题 47

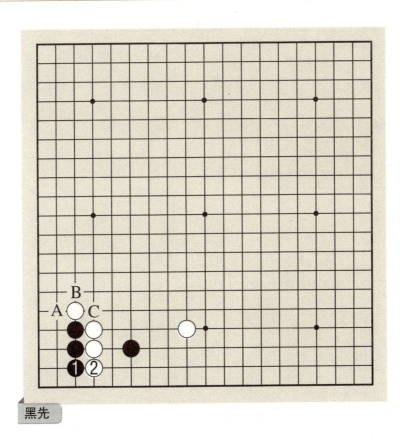

黑先

黑1下立，白2挡时，黑棋应如何下？请在 A～C 中选择。

问题 47 解答

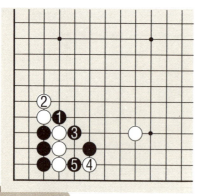

图 1　正解

图 1　正解

黑 1 断是好棋，白 2 如果长，黑 3 则可紧气，其后白 4 如果抵抗，黑 5 挖可以成立。

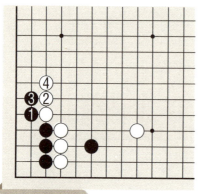

图 2　失败 1

图 2　失败 1

黑 1 扳，白 2 长后，黑棋不利。

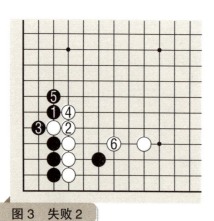

图 3　失败 2

图 3　失败 2

黑 1 夹，白 2 粘，黑棋同样不好。黑 3 渡过，白 4 则先手利用，再白 6 吃住黑一子。白棋有利。

问题 48

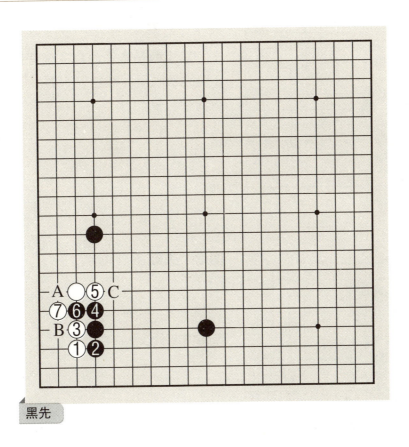

黑先

白1点三三进角，以下至白7均是定式的进行，其后黑棋如何利用白棋的弱点来整形？请在 A～C 中选择。

问题 48 解答

图 1　正解

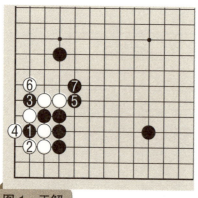

黑 1 断是本手，白 2 只有打吃，黑 3 则先手利用，然后黑 5 扳头，黑棋可以封住白棋。

图 2　失败 1

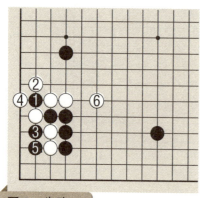

黑 1 断方向错误，白 2 打吃，黑 3、5 可以占取角地，但白 6 跳出后，黑棋得不偿失。

图 3　失败 2

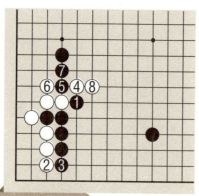

黑 1 扳，白 2 先手利用后，黑棋痛苦。其后黑 3 如果挡，白 4 扳，以下至白 8，黑棋不利。

问题 49

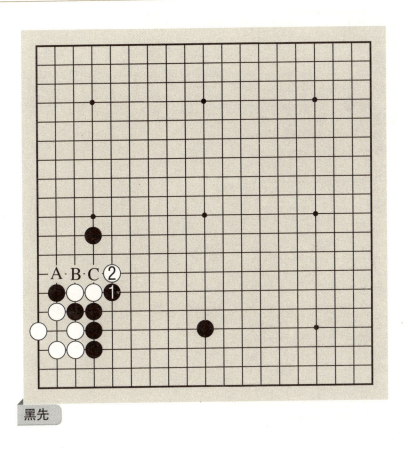

黑先

黑1扳二子头时,白2反扳,黑棋现在应如何利用白棋的弱点来整形?请在A～C中选择。

问题 49 解答

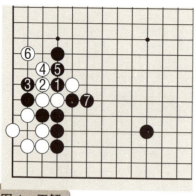

图1　正解

图1　正解

黑1断，白2时，黑3打吃是好次序，其后白4长，至黑7是基本定式，结果双方形成转换，均可接受。

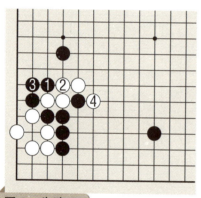

图2　失败1

图2　失败1

黑1打吃，白2粘后，黑棋失败。其后黑3粘，但白4打吃，黑棋不好。

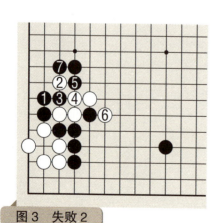

图3　失败2

图3　失败2

黑1长，白2攻击黑棋，黑棋痛苦。黑3、5试图抵抗，但以下至白6，结果与图2大同小异。

问题 50

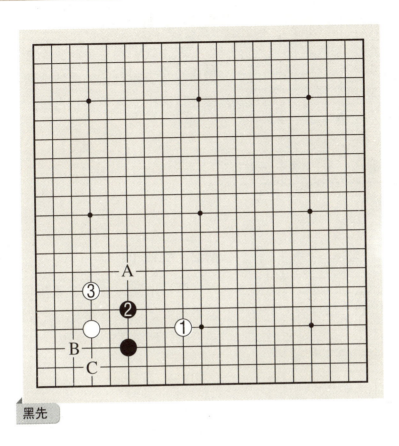

黑先

白1夹攻，黑2跳出，白3跳补，其后黑棋应如何安定二子？请在 A ~ C 中选择。

问题 50 解答

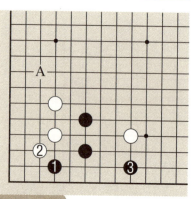

图 1　正解

黑 1 飞，白 2 尖时，黑 3 大飞，是黑棋尽快安定自己的最佳方法。以后黑棋还可伺机在 A 位逼攻白棋。

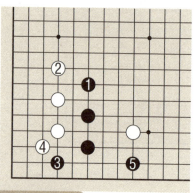

图 2　失败 1

黑 1 单跳，让白 2 顺势巩固左边，黑棋不好。以下至黑 5，进程虽与正解图相似，但结果却是黑棋不利。

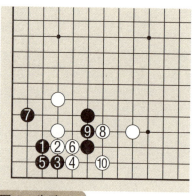

图 3　失败 2

黑 1 点三三进角，时机不成熟。白 2 挡，黑 3 扳以下至黑 7，黑棋虽可活角，但至白 10 渡过，黑棋不利。

问题 51

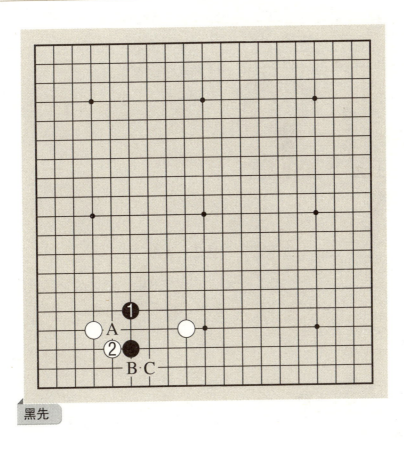

黑先

黑1单跳时，白2尖顶，其意是先手利用，但实际上有些过分。那么黑棋应如何下？请在 A～C 中选择。

问题 51 解答

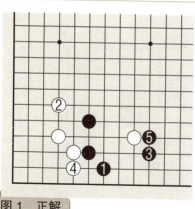

图 1　正解

图 1　正解

黑 1 尖是正确的应法，白 2 如果补棋，黑 3 则可飞出。

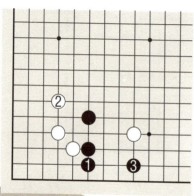

图 2　失败 1

图 2　失败 1

黑 1 下立，白 2 跳补后，黑 3 还须生根，结果黑棋不满。

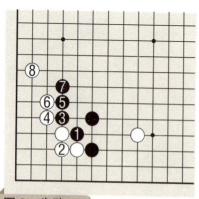

图 3　失败 2

图 3　失败 2

黑 1 虎，白 2 粘后，黑棋同样不好。以下进行至黑 7，黑棋虽可整形，但同时也让白棋顺势走厚，黑棋损失很大。

问题 52

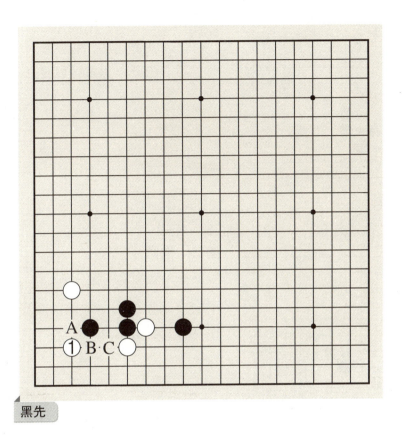

黑先

白1点三三进角，黑棋应如何应付？请在 A～C 中选择。

问题 52 解答

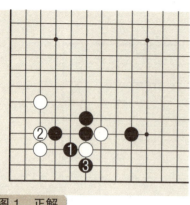

图 1　正解

黑 1 虎是正确的应法，白 2 联络时，黑 3 打吃，黑棋得以整形。

图 1　正解

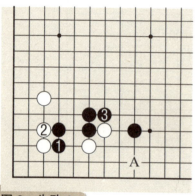

图 2　失败 1

黑 1 挡，白 2 长，黑棋对右侧白二子缺少明显的压制方法，至多黑 3 拐，但 A 位仍留有弱点。

图 2　失败 1

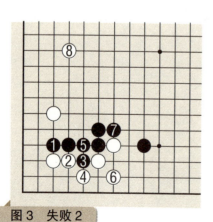

图 3　失败 2

黑 1 挡方向错误，白 2 以下至黑 7，白棋先手占取实地后，再白 8 抢占大场，白棋非常满足。

图 3　失败 2

问题 53

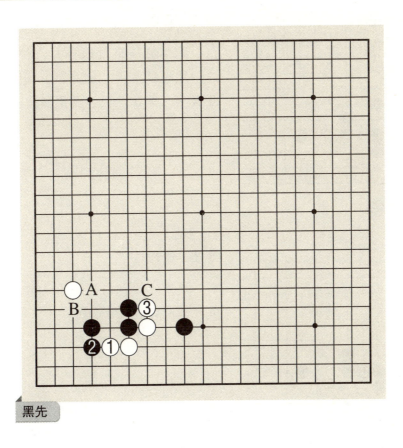

黑先

白1长，黑2挡时，白3贴，其后黑棋应如何下？请在A～C中选择。

问题53解答

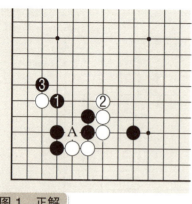

图1 正解

图1 正解

黑1靠，有效地补去A位的弱点，这是黑棋的本手。此时白2长防备黑在此扳头，黑3再扳，结果黑棋充分。

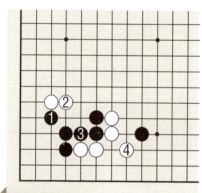

图2 失败1

图2 失败1

黑1尖顶，白2长后，黑3还须补棋，至白4，黑棋不利。

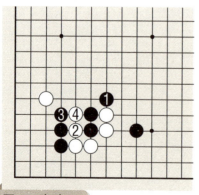

图3 失败2

图3 失败2

黑1扳，白2、4冲，黑棋不好应。

问题 54

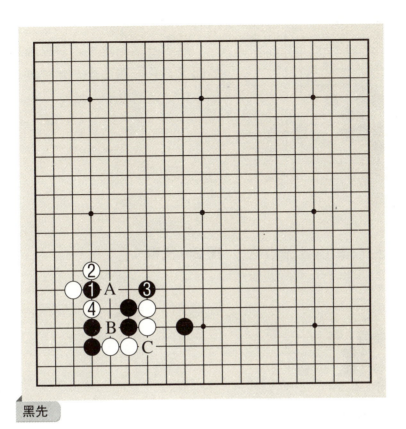

黑先

黑1靠时，白2扳必然，黑3扳头，白4打吃时，黑棋应如何下？请在A～C中选择。

问题54解答

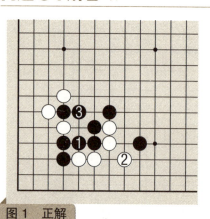

图1 正解

图1 正解

黑1连接是本手,白棋考虑到自身的断点,只好白2虎,此时黑3可以整形,估计以后会有一场复杂的战斗。

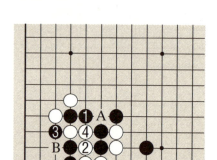

图2 失败1

图2 失败1

黑1长,白2断后,黑棋难受。以后即使黑3打吃,白4粘后,黑A时,白B打即可。

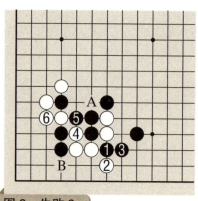

图3 失败2

图3 失败2

黑1强断同样不可取,白2打吃,黑3时,白4可以断,至白6,A位和B位白棋必居其一。

问题 55

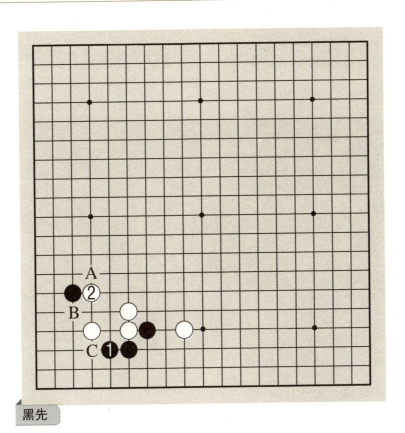

黑先

黑1长时,白2靠是重视外势的下法。其后黑棋应如何下?请在 A～C 中选择。

问题 55 解答

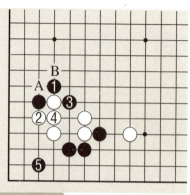

图 1 　正解

图 1 　正解

黑 1 扳是常识性下法，白 2 挡，黑 3 则先手与白 4 交换，再黑 5 飞，以后白 A 时，黑 B 应即可，黑棋充分可下。

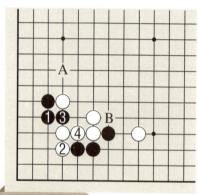

图 2 　失败 1

图 2 　失败 1

黑 1 似抢占要点，但白 2 挡后，黑棋不好。至白 4，A 位和 B 位白棋必居其一，黑棋不利。

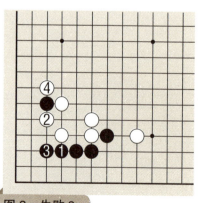

图 3 　失败 2

图 3 　失败 2

黑 1 长重视角地，但白 2 挡后，白棋厚势。

问题 56

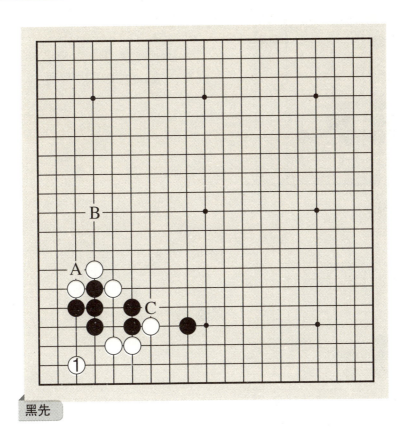

黑先

白1飞取实地，此时黑棋如何下最佳？请在A～C中选择。

问题 56 解答

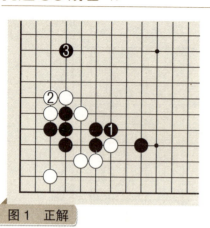

图1　正解

图1　正解

黑1封锁是本手，白2如果粘，黑3则可夹攻，结果黑棋有利。

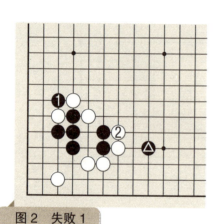

图2　失败1

图2　失败1

黑1打吃，被白2抢占急所后，黑▲一子被切断，黑棋不利。

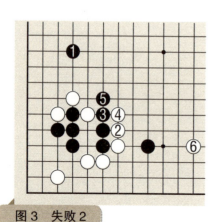

图3　失败2

图3　失败2

黑1夹攻白棋，白2同样占据急所，以下至白6，白棋主动。

问题 57

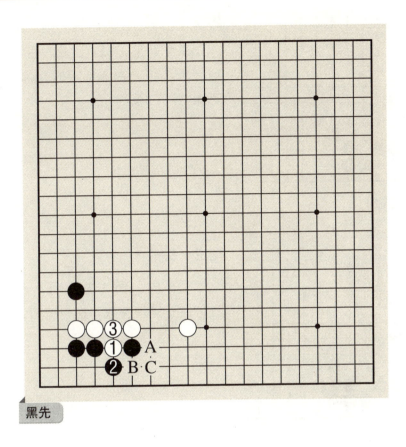

黑先

白1、3挖接时,黑棋如何有效地自补断点?请在 A～C 中选择。

问题57解答

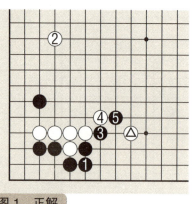

图1 正解

图1　正解

黑1粘是正确的，此时白2如果夹攻，黑3扳，白4反扳时，黑5连扳，可保持对白△一子的攻击。

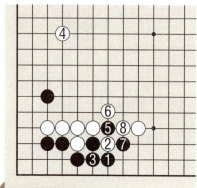

图2 失败1

图2　失败1

黑1虎，白2先手利用，黑3粘时，白4则可夹攻，白棋有利。

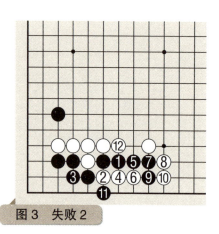

图3 失败2

图3　失败2

黑1长，白2断后，黑棋难受，黑3粘，以下至白12，白棋利用弃子获取了强大的外势。

问题 58

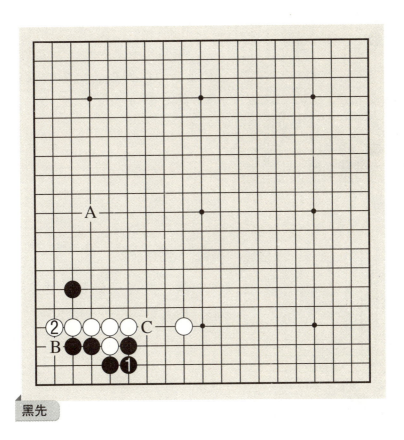

黑先

黑1粘时,白2下立,白2这手棋是定式下法。黑棋的下一手棋非常关键,请在 A～C 中选择。

问题58解答

图1 正解

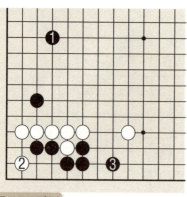

黑1在角上脱先,于边上大飞,是重视左边的好棋。白2如跳入攻击黑角,黑3跳可以处理。

图2 失败1

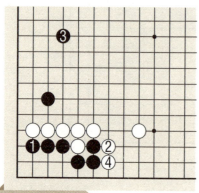

黑1挡过于消极,白2扳,黑3时,白4挡,结果白棋厚势。

图3 失败2

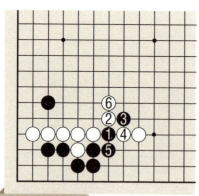

黑1扳,其后黑3连扳时,由于黑角仍未活净,作战对黑棋不利。以下进行至白6,黑棋不满。

问题 59

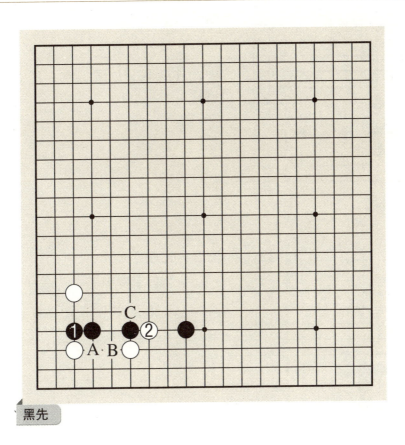

黑先

　　黑1挡，白2扳，白2这手棋普通的下法是在A位联络。面对白棋的变化，黑棋应如何下？请在A～C中选择。

问题59 解答

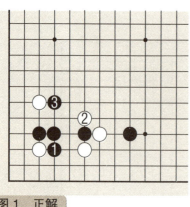

图1　正解

图1　正解

黑棋在气势上只能下黑1挡这手棋,其后白2如果打吃,黑3则向中腹靠出。

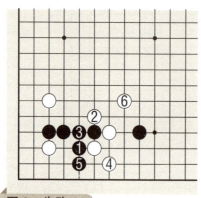

图2　失败1

图2　失败1

黑1挡时,白2先手利用,黑3粘,白4虎,黑5下立守角,白6补棋,结果白棋厚势。

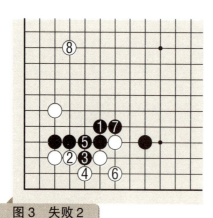

图3　失败2

图3　失败2

黑1长,白2则联络,其后黑3、5挖接,黑7封锁白棋,但白8展开后,白棋有利。

问题 60

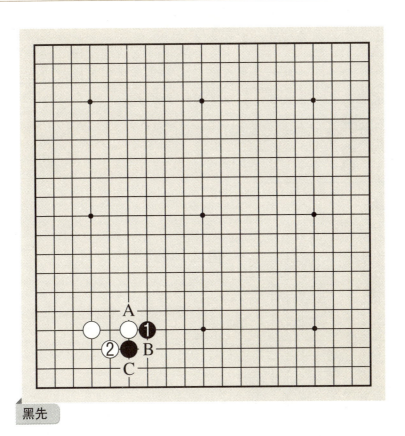

黑先

黑1扳，白2虎。白2这手棋是重视实地的下法。针对白棋的意图，黑棋应如何下？请在 A～C 中选择。

问题 60 解答

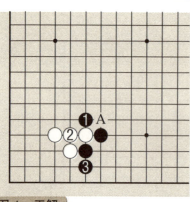

图1 正解

图1 正解

黑1打吃,迫使白2粘,这是黑棋唯一的下法。其后黑棋可以选择黑3下立或在A位粘。

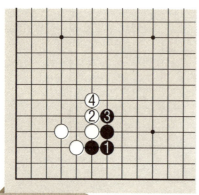

图2 失败1

图2 失败1

黑1粘,白2长,其后黑3长时,白4同样长,白棋得以巩固左下,黑棋不满。

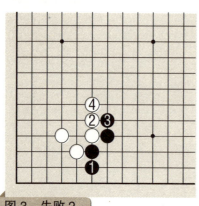

图3 失败2

图3 失败2

黑1下立,白2长后,黑棋同样不好。以下至白4,结果与图2大同小异。

下篇

问题61～115

问题61

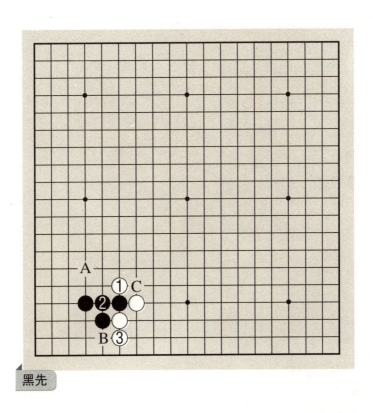

白1打吃，黑2粘，白3下立，其后黑棋必须在角上整形，黑棋应如何下？请在A～C中选择。

问题 61 解答

图1 正解

黑1断是好棋,白2只有长,黑3先手与白4交换后,黑5打吃,黑棋可以吃住白一子。

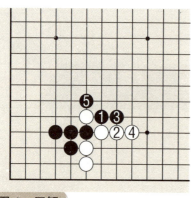

图1 正解

图2 失败1

黑1跳不能令人满意,白2虎后,白棋轻松安定。

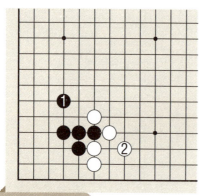

图2 失败1

图3 失败2

黑1挡,白2虎,至黑3白棋已安定,黑棋落后手,黑棋不满。

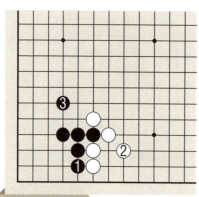

图3 失败2

问题 62

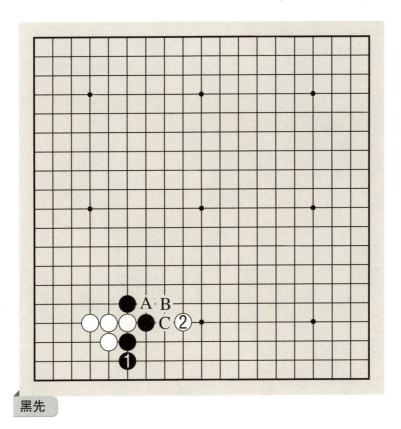

黑先

黑1下立,白2逼攻,其后黑棋必须整形,那么黑棋应如何下?请在A～C中选择。

问题62 解答

图1 正解

黑1虎是本手，白2如果补棋，黑3长、5托，黑棋轻松安定。

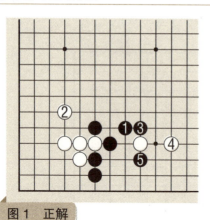

图1 正解

图2 失败1

黑1粘过重，白2补棋，黑3托，以下至白6，结果黑棋不利。黑3如不下，被白A刺后，黑棋痛苦。

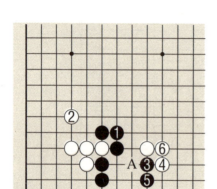

图2 失败1

图3 失败2

黑1顶，白2长，以下至白4，黑棋不利。

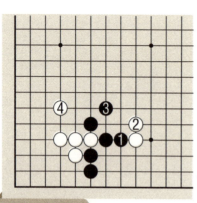

图3 失败2

问题 63

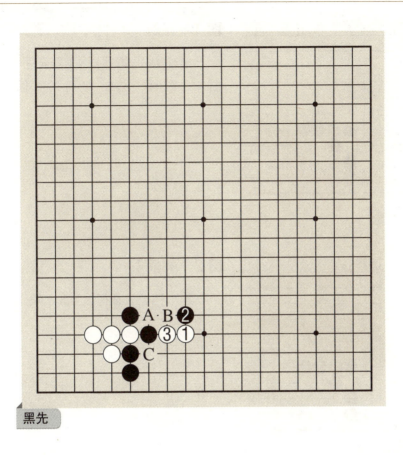

黑先

　　白1逼攻时,黑2靠是一种整形的手段,白3顶时,黑棋面临选择。请在 A ~ C 中选择。

问题 63 解答

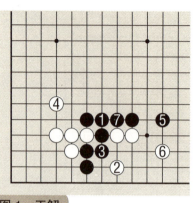

图 1　正解

黑 1 粘是本手，白 2 先手利用后，白 4 补棋时，黑 5、7 可以整形。

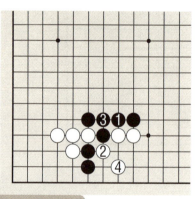

图 2　失败 1

黑 1 挡，白 2 打、4 虎，黑二子被吃。

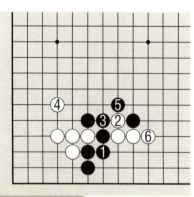

图 3　失败 2

黑 1 粘下边时，白 2 冲，以下进行至白 6，黑棋不利。

问题 64

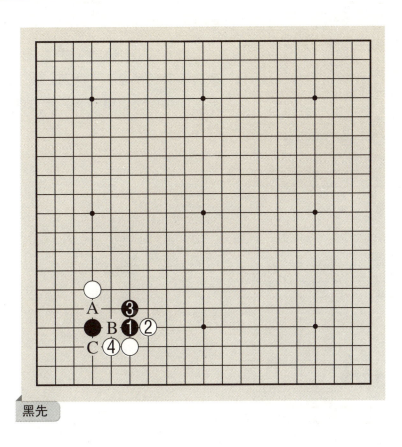

黑先

黑1靠,白2扳,黑3长时,白4长,其后黑棋如何应付?请在 A~C中选择。

问题 64 解答

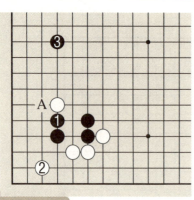

图 1　正解

图 1　正解

黑 1 双是正确的应法，白 2 飞占取实地时，黑 3 则可展开，结果黑棋充分。如果周边白棋很强，黑 3 下在 A 位是本手。

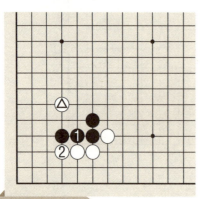

图 2　失败 1

图 2　失败 1

黑 1 连接是愚形，以后黑棋对白△子缺少有效的压制方法。

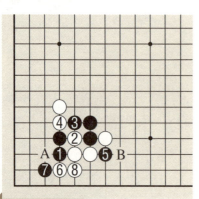

图 3　失败 2

图 3　失败 2

黑 1 挡无理，白 2、4 可以立即切断，黑 5 如果断，白 6、8 扳粘后，A 位和 B 位白棋必居其一。

问题 65

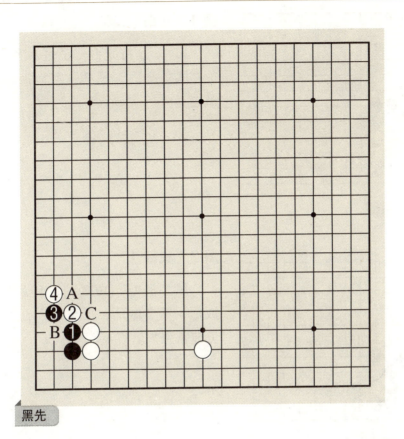

黑先

黑1、3谋求做活时，白2扳头后，白4连扳，其后黑棋应如何下？请在 A～C 中选择。

问题 65 解答

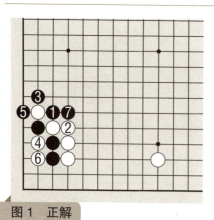

图 1　正解

黑 1、3 打吃白一子是本手，白 4、6 占取角地时，黑 7 贴可以确保外势，黑棋充分。

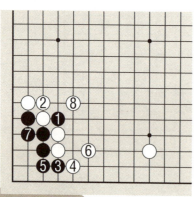

图 2　失败 1

黑 1 打吃，白 2 粘，其后黑 3、5 扳粘，黑 7 做活，但至白 8，白棋的外势非常强大。

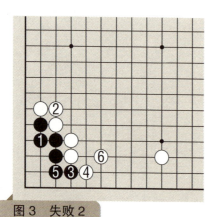

图 3　失败 2

黑 1 单粘，结果与图 2 大同小异。以下进行至白 6，白棋的外势明显。

问题 66

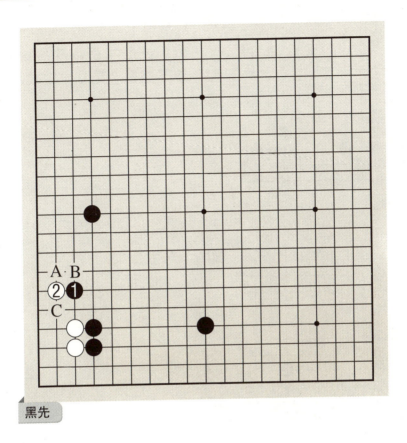

黑先

黑1飞,白2托,其后黑棋应如何下?请在A~C中选择。

问题 66 解答

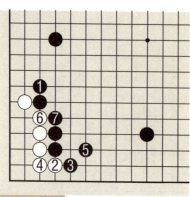

图 1　正解

图 1　正解

黑 1 长是本手，其后白 2、4 扳粘，以下至黑 7 是基本定式，双方均可接受。

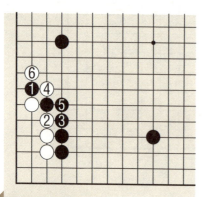

图 2　失败 1

图 2　失败 1

黑 1 外扳时，白 2 顶，其后白 4、6 打吃黑一子，黑棋不好。

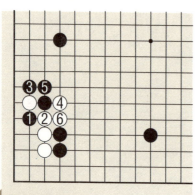

图 3　失败 2

图 3　失败 2

黑 1 内扳，白 2 断，黑棋不好应。即使黑 3 打吃，白 4、6 后，黑棋的外势被冲破，黑棋不好。

问题 67

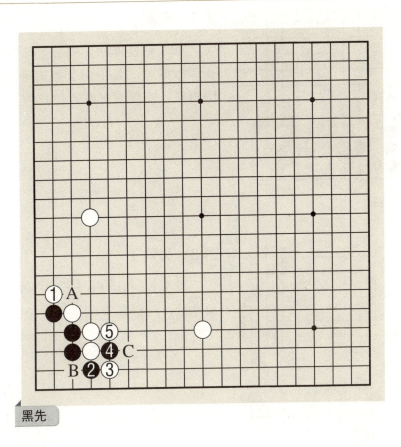

黑先

白1连扳时,黑2扳,其后黑4断是手筋。目前黑棋面临选择,请问黑棋应如何下?请在 A～C 中选择。

问题 67 解答

图 1　正解

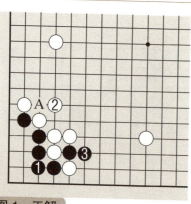

图 1　正解

黑 1 粘是本手，白 2 如果虎，黑 3 长可以成立。其中白 2 如果不虎而于 3 位提子，黑棋则可在 A 位打吃。

图 2　失败 1

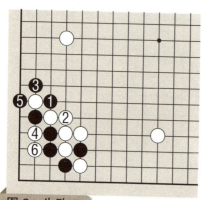

图 2　失败 1

黑 1、3 打吃白一子，白 4、6 控制角地后，白棋非常满足。

图 3　失败 2

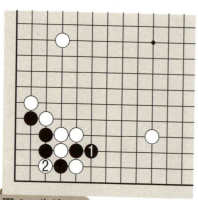

图 3　失败 2

黑 1 长次序错误，白 2 打吃后，黑棋不好下。

问题 68

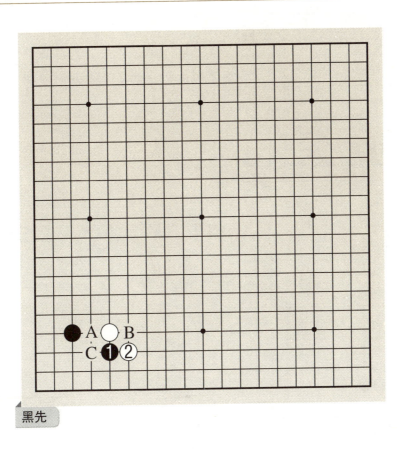

黑先

黑1托,白2扳,其后黑棋应如何下?请在 A～C 中选择。

问题 68 解答

图 1 正解

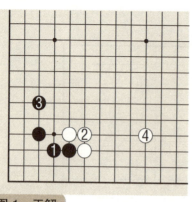
图 1 正解

黑 1 退是本手，其后白 2 粘，黑 3 单跳，白 4 拆，这一进行是基本定式。

图 2 失败 1

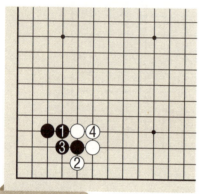
图 2 失败 1

黑 1 顶，被白 2 先手打，以下至白 4，黑棋不利。

图 3 失败 2

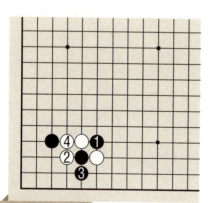
图 3 失败 2

黑 1 断，白 2 打吃后，白 4 粘，黑棋左右两边被分断。

问题 69

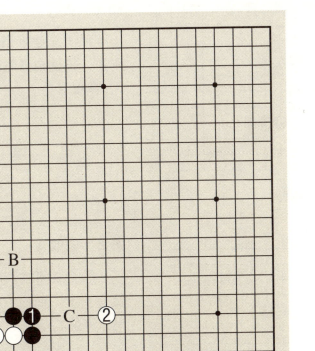

黑先

黑1粘,白2夹攻,其后黑棋应如何处理三子?请在 A ~ C 中选择。

问题 69 解答

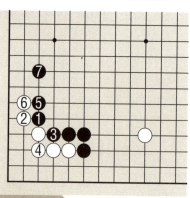

图1 正解

图1 正解

黑1靠是好棋,白2如果扳,黑3则挤,迫使白4粘是好次序,以下至黑7,黑棋厚势。

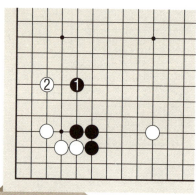

图2 失败1

图2 失败1

黑1二间跳,白2补棋后,黑棋仍没有安定,而白右侧一子则容易处理,黑棋不好。

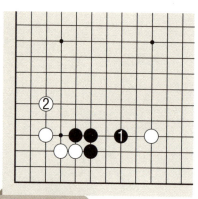

图3 失败2

图3 失败2

黑1单拆,白2补棋后,黑棋棋形过于重复。

问题 70

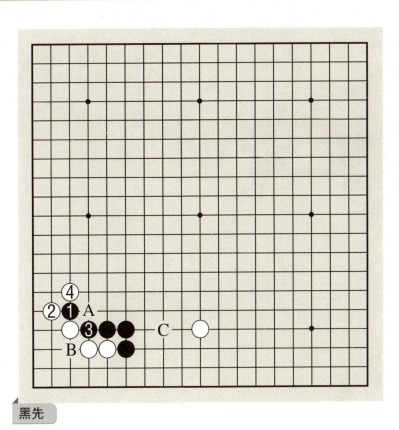

黑先

黑1靠,白2时,黑3挤,白4打吃,黑棋应如何下?请在A~C中选择。

问题 70 解答

图 1 正解

黑 1 反打是必然的选择，白 2 提子时，黑 3 立，黑棋可以占取很大的角地。

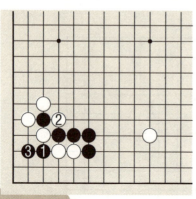

图 1 正解

图 2 失败 1

黑 1 单粘非常不好，白 2 虎，黑棋不利。

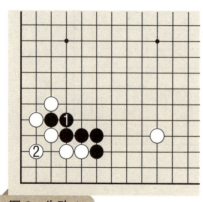

图 2 失败 1

图 3 失败 2

黑 1 单拆是错误的下法，白 2 提去黑一子，黑棋明显不利。

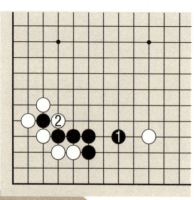

图 3 失败 2

问题 71

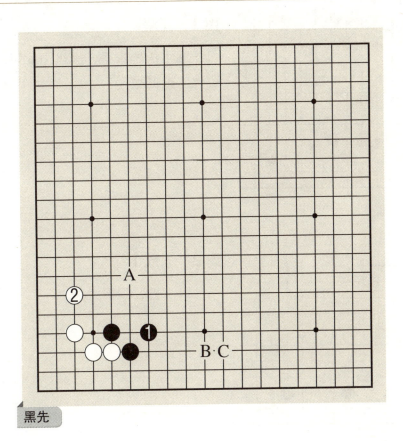

黑先

黑1虎,白2单跳,意在取边。其后黑棋必须整形,那么请问黑棋应如何下?请在 A～C 中选择。

问题 71 解答

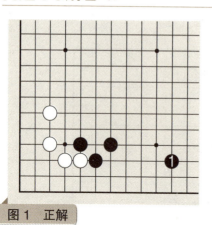

图 1 正解

图 1 正解

黑 1 拆是本手，黑棋由此可以在下边建立根据地。

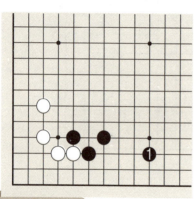

图 2 失败 1

黑 1 拆，间隔太小。

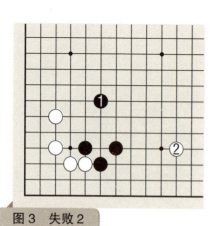

图 3 失败 2

图 3 失败 2

黑 1 大飞无视"金角银边草肚皮"的围棋格言，白 2 夹攻后，黑棋整体可能受攻。

问题 72

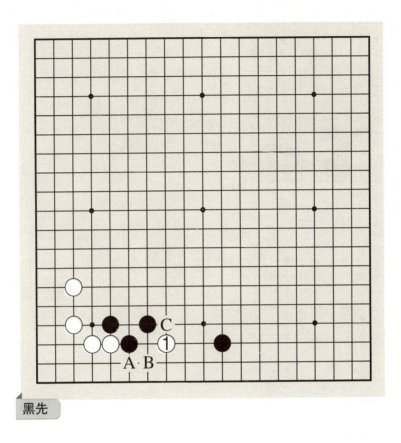

黑先

白1点时,黑棋应如何应付?请在 A ~ C 中选择。

问题72 解答

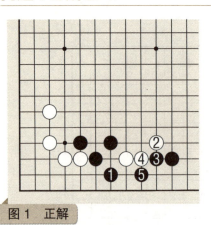

图1 正解

图1 正解

黑1尖，阻止白棋渡过，白2如果飞，黑3后，黑5可以扳过。

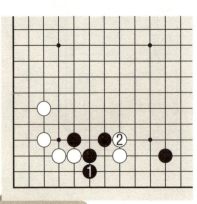

图2 失败1

图2 失败1

黑1下立，阻止白棋联络，白2挺头，黑棋左右两边被分断。

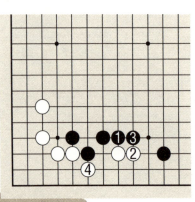

图3 失败2

图3 失败2

黑1挡，白2先手与黑3交换后，白4可以扳过，黑棋大损。

问题73

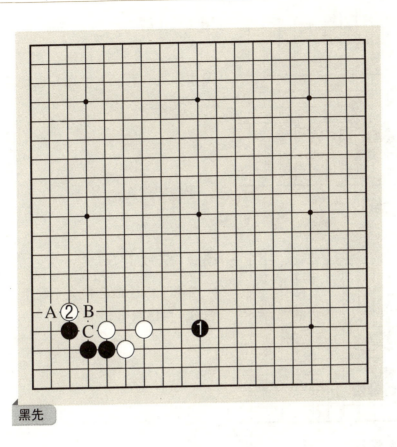

黑1逼攻白棋,白2靠时,黑棋应如何应付?请在A~C中选择。

问题73解答

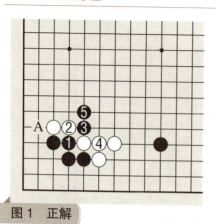

图1 正解

图1 正解

黑1、3强行切断,以下至黑5,黑棋作战有利。其中黑5也有可能下在A位扳。

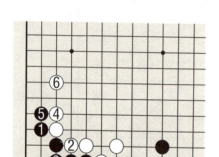

图2 失败1

图2 失败1

黑1扳,白2挤先手利用,以下至白6,白棋厚势。

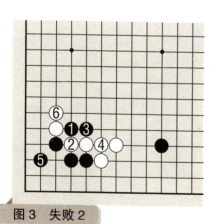

图3 失败2

图3 失败2

黑1扳,白2切断后,角上存有弱点,以下进行至白6,黑棋作战不利。

问题 74

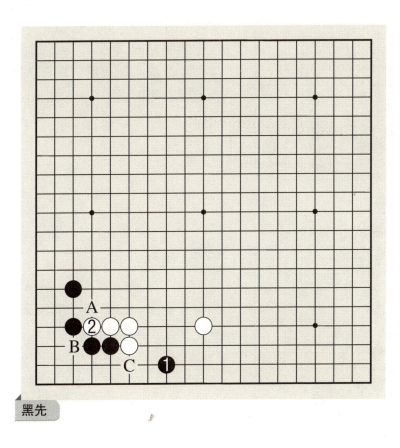

黑先

黑1打入是急所,白2挤时,黑棋应如何应付?请在 A ~ C 中选择。

问题 74 解答

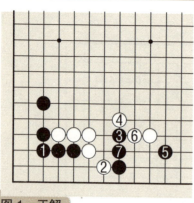

图1 正解

图1 正解

黑1粘是本手，其后白2如果阻渡，黑3先手利用后，黑5飞出，黑棋由此得到处理。

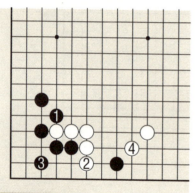

图2 失败1

图2 失败1

黑1虎，白2下立，黑棋由于角上仍存在弱点，只好黑3虎，至白4，黑一子被吃，黑棋不利。

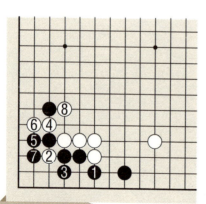

图3 失败2

图3 失败2

黑1渡过，白2可以断，黑3立，以下进行至白8，黑棋不利。

问题 75

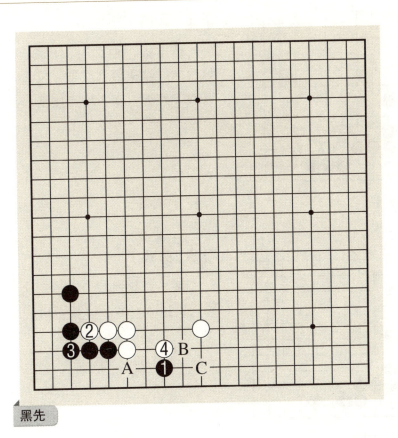

黑先

黑1打入，白2先手挤后，白4靠，其后黑棋应如何应对？请在A～C中选择。

问题 75 解答

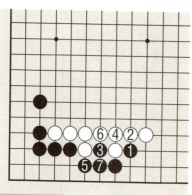

图1　正解

图1　正解

黑1扳，白2时，黑3、5渡过是好次序。结果黑棋获取了实地，而白棋获取了外势，双方均可接受。

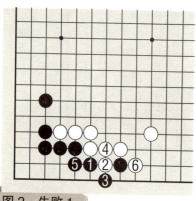

图2　失败1

图2　失败1

黑1先渡过操之过急，白2、4挖接后，白6打吃，结果白棋成厚势。

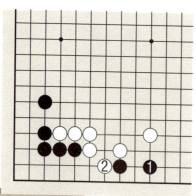

图3　失败2

图3　失败2

黑1跳过于贪心，白2虎阻渡，黑棋以后很难处理二子。

问题 76

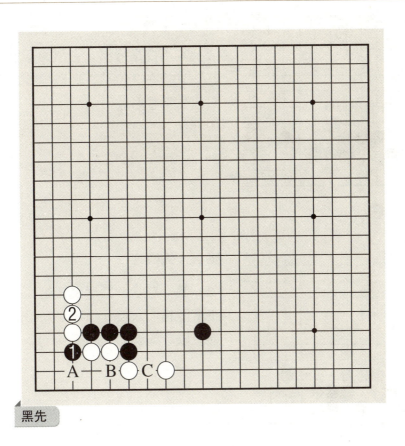

黑先

黑1断,白2连接时,黑棋如何利用白棋的弱点来获取利益?请在A～C中选择。

问题76 解答

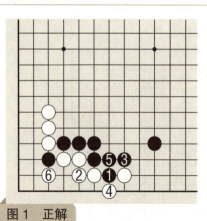

图1　正解

图1　正解

黑1挖是好棋，白棋为避免被双打吃，只好在2位粘，此时黑3虎，黑棋可以先手整形。

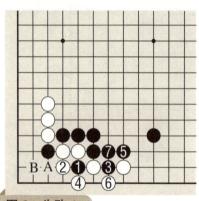

图2　失败1

图2　失败1

黑1打吃，之后黑3挖，结果虽与正解图相似，但让白棋在角上走厚，黑损。以后黑A时，白B即可。

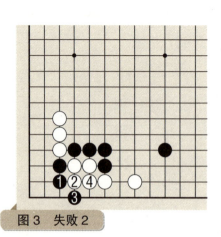

图3　失败2

图3　失败2

黑1下立，白2挡后，黑棋不行。至白4，黑棋还多送了几子。

问题 77

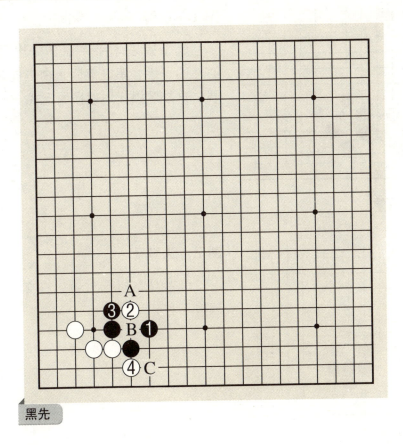

黑先

黑1虎时,白2点,黑3挡,白4扳,此时黑棋应如何应付?请在 A～C 中选择。

问题77解答

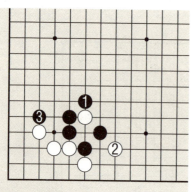

图1 正解

图1 正解

黑1扳是本手,白2飞出同样是必然的一手,黑3靠阻止白棋向左边发展,这是黑棋实地略损的定式。

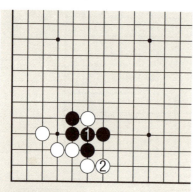

图2 失败1

图2 失败1

黑1粘,棋形过重,白2长出后,黑棋不利。

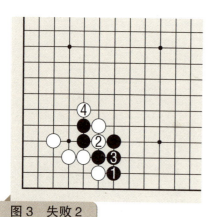

图3 失败2

图3 失败2

黑1挡,白2打吃后,白4扳,白棋由此可以吃住黑二子,黑棋不利。

问题 78

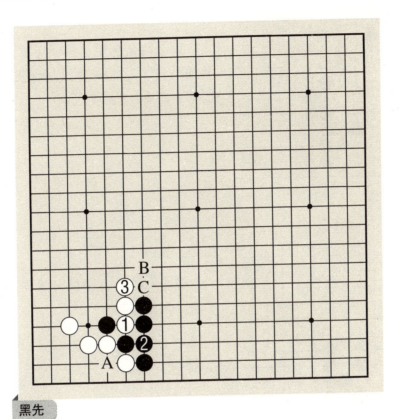

黑先

白1打吃，其后白3长，强行扩张左下角。黑棋针对这一形势应如何应付？请在 A～C 中选择。

问题 78 解答

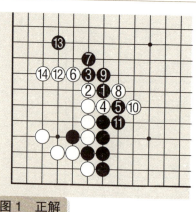

图 1　正解

图 1　正解

　　黑 1 跳是利用白棋弱点扩张外势的要领，白 2 时，黑 3 扳是连贯的好棋，以下至白 14 是基本定式。

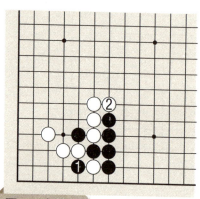

图 2　失败 1

图 2　失败 1

　　黑 1 打吃白一子是大恶手，白 2 拐头后，黑棋不利。

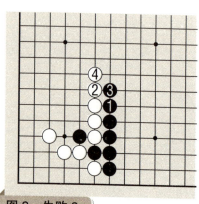

图 3　失败 2

图 3　失败 2

　　黑 1、3 长时，白 2、4 同样长，白棋左边的实地被大大巩固，黑棋受损。

问题 79

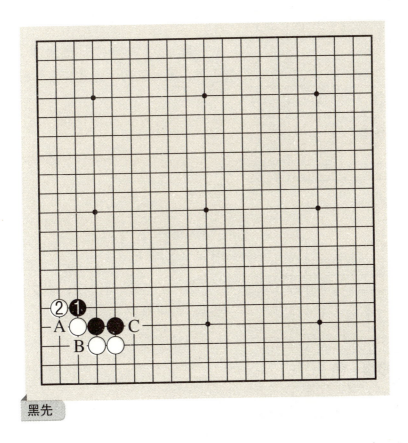

黑先

黑1扳，白2连扳，其后黑棋应如何整形？请在 A ~ C 中选择。

问题 79 解答

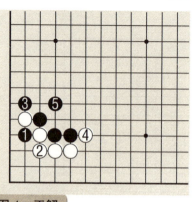

图 1　正解

黑 1、3 连续打吃是本手，白 4 扳头时，黑 5 整形，定式暂告一段落。

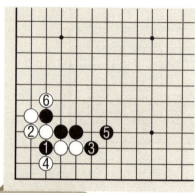

图 2　失败 1

黑 1 打吃方向错误，白 2 粘，黑 3 扳头，以下至白 6，黑棋不利。

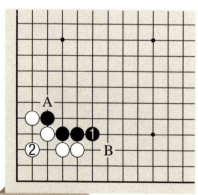

图 3　失败 2

黑 1 长，白 2 双虎补断，以后白棋在 A 位和 B 位中必居其一，黑棋不好。

问题 80

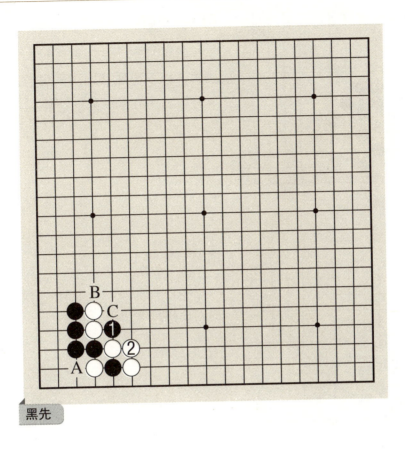

黑先

黑1打吃时,白2粘,其后黑棋应如何下?请在 A ~ C 中选择。

问题80解答

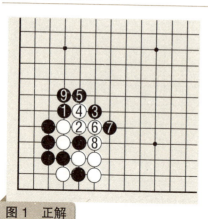

图1 正解

图1 正解

黑1打吃，其后黑3封，实施弃子战术，以下至黑9均是预想的进行，黑棋可以利用弃子而获取外势。

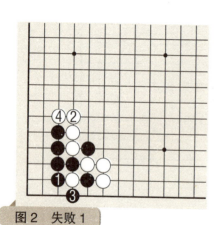

图2 失败1

图2 失败1

黑1打吃方向错误，白2长、4拐，白棋成厚势。

图3 失败2

图3 失败2

黑1打吃后，黑3长，黑棋中央三子为孤棋，自找麻烦，此后黑棋作战不利。

问题 81

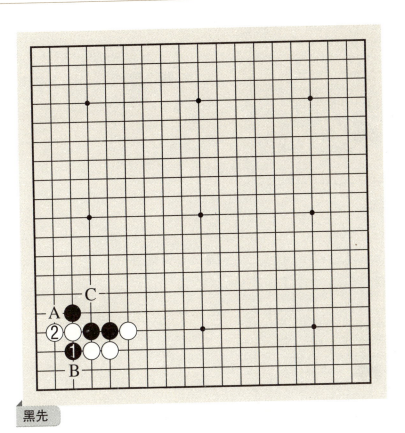

黑先

黑1打吃，白2立，其后黑棋应如何下？请在 A～C 中选择。

问题81解答

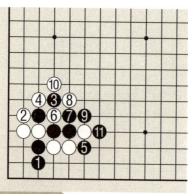

图1 正解

图1　正解

黑1立是好棋，白2拐时，黑3虎、5断是好次序，以下至黑11是基本定式。

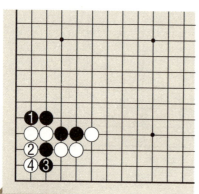

图2 失败1

图2　失败1

黑1挡，白2打吃，黑3立下时，白4挡即可。

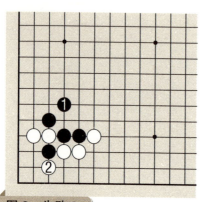

图3 失败2

图3　失败2

黑1虎，白2同样打吃，结果与图2大同小异。

问题 82

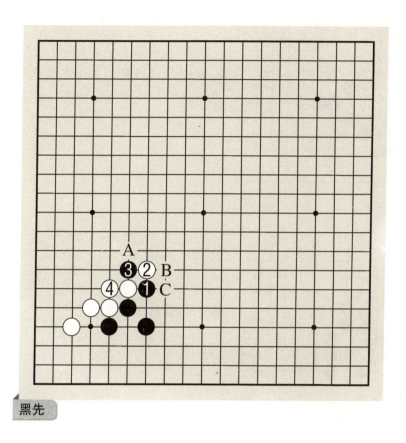

黑先

　　黑1扳，白2连扳，其后黑3打吃，白4粘，黑棋现在应该如何下？请在A～C中选择。

问题 82 解答

图 1 正解

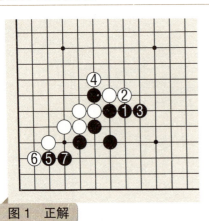

图 1 正解

黑 1 长是本手，白 2 压，其后白 4 打吃时，黑 5 托、7 退占取实地，这一进行是双方均可接受的基本定式。

图 2 失败 1

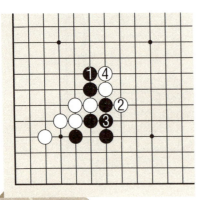

图 2 失败 1

黑 1 长无理，白 2 打吃后，白 4 贴，黑棋作战不利。

图 3 失败 2

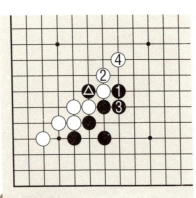

图 3 失败 2

黑 1 打吃，白 2 长，黑棋是在帮对方走棋。黑 3 必须粘，白 4 尖出，黑△一子已动弹不得。

问题 83

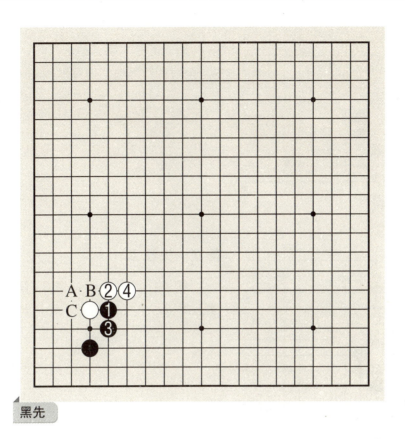

黑先

黑1靠,白2扳,黑3退,白4长。白棋欲取外势,黑棋应如何下?请在A～C中选择。

问题83 解答

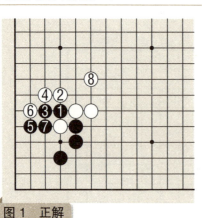

图1 正解

黑1断是本手,白2打吃,以下至白8,白棋构筑外势,但黑棋的实地明显。

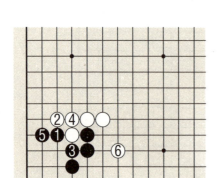

图2 失败1

黑1托,白2虎,黑3打吃,其后黑5下立,白6封后,黑棋不利。

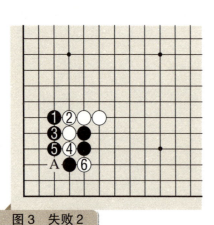

图3 失败2

黑1点,白2粘,以下至白6,白棋反击,由于有A位的断点,黑棋作战不利。

问题 84

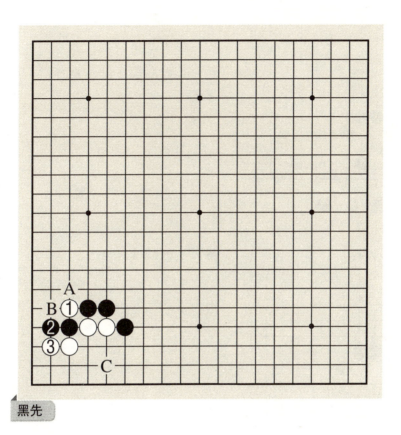

黑先

白1打吃,黑2立,白3挡,其后黑棋应利用白棋的弱点来整形,其最佳下法是什么?请在A～C中选择。

问题84解答

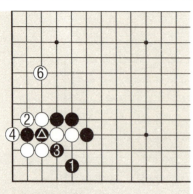

图1 正解 ❺ = △

图1 正解

黑1点是好棋，白2打吃时，黑3断打，然后黑5扑，白6拆，至此为基本定式。

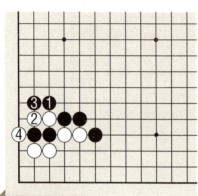

图2 失败1

图2 失败1

黑1、3打吃，白棋提二子后，黑棋棋形的弱点太多。

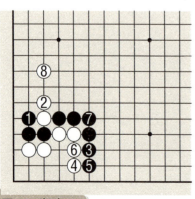

图3 失败2

图3 失败2

黑1打吃是最坏的选择，白2长，黑3下立，以下至白8，白棋的实地太大。

问题 85

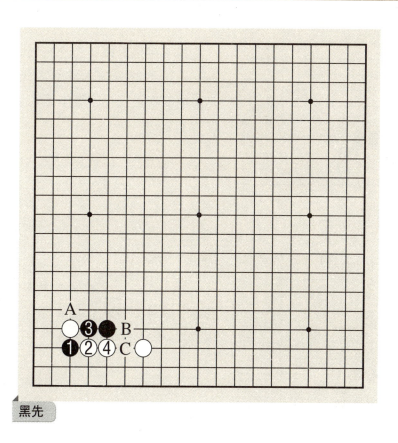

黑先

黑1托，白2扳，黑3断时，白4长谋求联络，其后黑棋应如何利用白棋的弱点来整形？请在 A～C 中选择。

问题 85 解答

图 1 正解

黑 1 挖是好棋,白 2 打时,黑 3 下立,以下至白 10,黑棋可以先手整形,这是双方均可接受的基本定式。

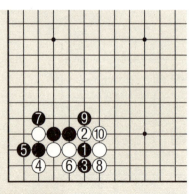

图 1 正解

图 2 失败 1

黑 1 与白 2 交换后再黑 3 挖是次序错误,白 4 打吃后,白 6 打吃,白棋可以满足。

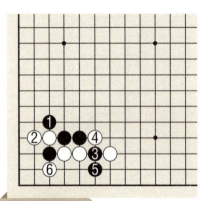

图 2 失败 1

图 3 失败 2

黑 1 长,白 2 连接,其后黑 3 打、5 挡,白角实地过大,黑损。

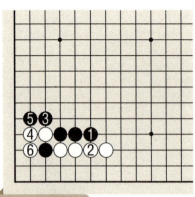

图 3 失败 2

问题 86

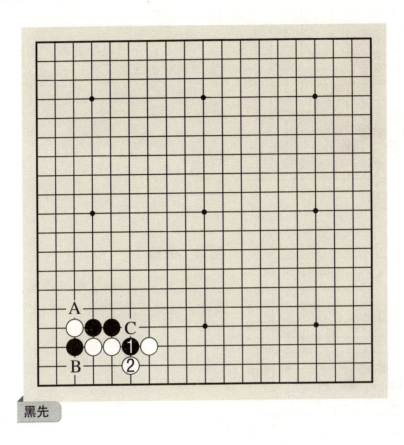

黑1挖,白2打吃,黑棋现在应如何整形?请在A~C中选择。

问题86解答

图1 正解

黑1首先打吃是好棋，白2如果提子，黑3提子后，黑棋充分。

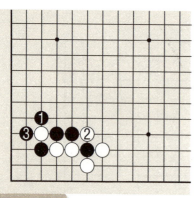

图1 正解

图2 失败1

黑1下立，白2可长，黑3粘，白4挡，黑角上二子被吃，黑棋不利。

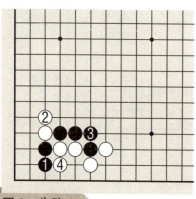

图2 失败1

图3 失败2

黑1粘，白2长是强手，其后黑3断、5打，至白6，白棋的实地大。

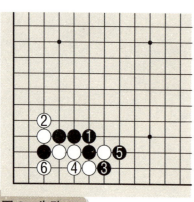

图3 失败2

问题 87

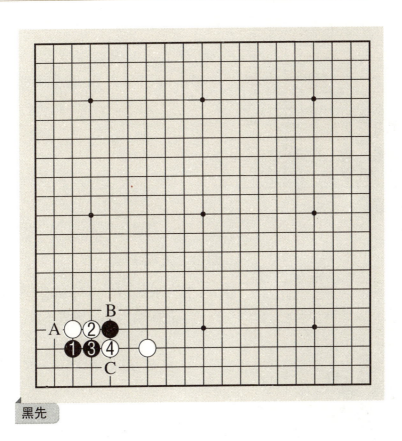

黑先

黑1托，白2顶，黑3长，白4断，其后黑棋应该如何整形？请在A～C中选择。

问题 87 解答

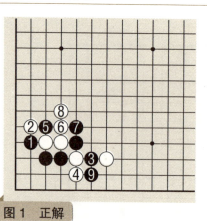

图1　正解

图1　正解

黑1扳是好棋，白2如果反扳，黑3打吃，以下至黑9，黑棋满意。

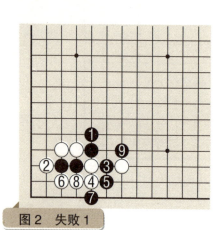

图2　失败1

图2　失败1

黑1长，以下至黑9均是预想的进行，与正解图相比，黑棋不满。

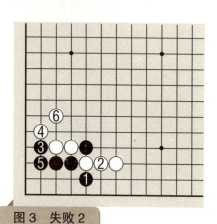

图3　失败2

图3　失败2

黑1打吃，其后黑3、5扳粘做活，至白6，白棋的外势非常强大，黑棋不利。

问题88

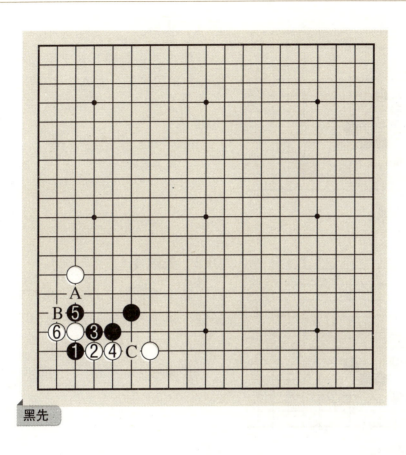

黑先

　　黑1托，以下进行至白6是基本定式，黑棋下一手棋应如何下？请在A～C中选择。

问题88解答

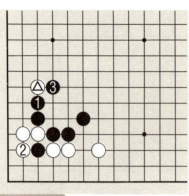

图1 正解

图1 正解

黑1顶是好棋，白2必须补棋，黑3扳，可以压制住白△一子。

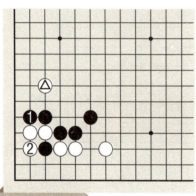

图2 失败1

图2 失败1

黑1挡，白2打吃，黑棋对白△一子缺少明显的压制方法，黑棋不满。

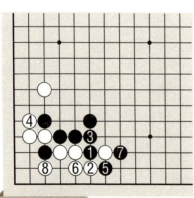

图3 失败2

图3 失败2

黑1挖同样不可取，白2打吃，其后白4渡过是好次序，至白8，白棋的实地明显。

问题 89

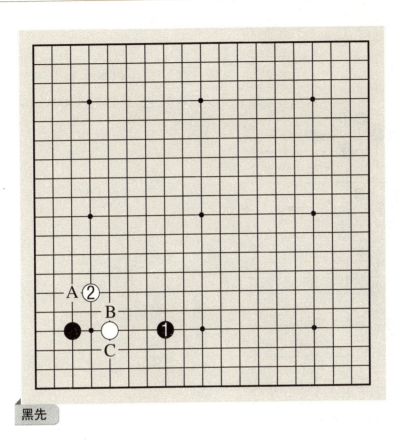

黑先

黑1夹攻，白2飞，白2多少有点过急的味道。针对这一情况，黑棋应如何应付？请在 A～C 中选择。

问题89解答

图1 正解

黑1搭是好棋,白2、4可以征吃黑一子,但白棋多少有点重复的味道,以下至黑7,黑棋的实地大。

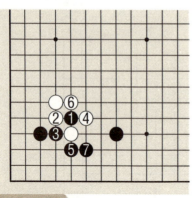

图1 正解

图2 失败1

黑1托缺少气魄,白2、4长后,黑△一子被削弱。

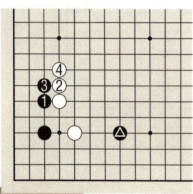

图2 失败1

图3 失败2

黑1托是帮对方走棋,以下进行至白4,结果与图2大同小异。

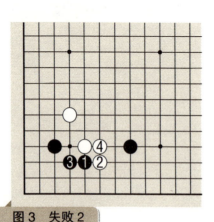

图3 失败2

问题90

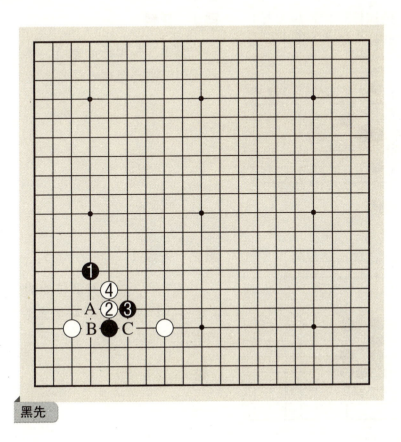

黑先

黑1大飞时,白2靠,黑3扳,白4长时,黑棋应如何下?请在A~C中选择。

问题90 解答

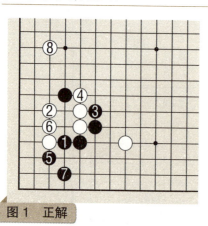

图1 正解

图1 正解

黑1顶是棋形的急所,其后白2跳补,以下进行至白8是基本定式。

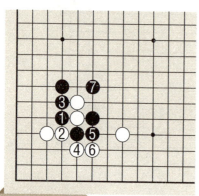

图2 失败1

图2 失败1

黑1扳,白棋有2位断的强手,黑3连接,以下至黑7均是预想的进行,白棋的实地大。

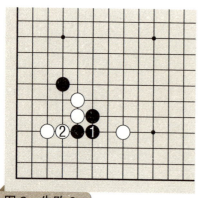

图3 失败2

图3 失败2

黑1粘软弱,白2顶后,黑棋被分为两块,黑作战不利。

问题91

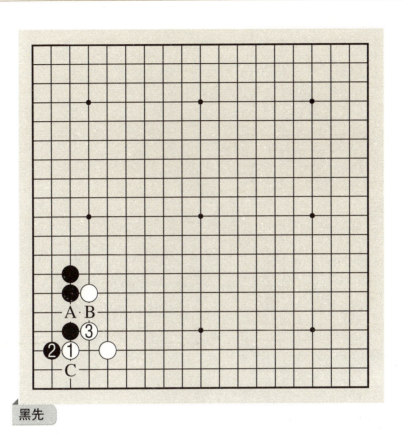

黑先

白1托,黑2扳时,白3虎,黑棋应如何下?请在A~C中选择。

问题91解答

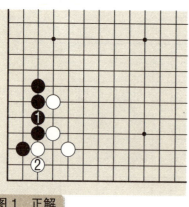

图1 正解

图1 正解

黑1连接是本手，白2立整形，这是双方均可接受的定式。

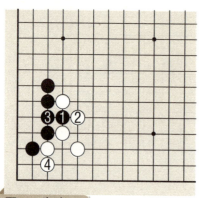

图2 失败1

图2 失败1

黑1、3挖接，至白4是预想的进行，黑棋略不满。与正解图相比，黑1与白2交换是恶手。

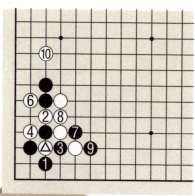

图3 失败2 ❺ = △

图3 失败2

黑1打吃，以下至白6，黑二子被分断，至白10，黑形势不好。

问题 92

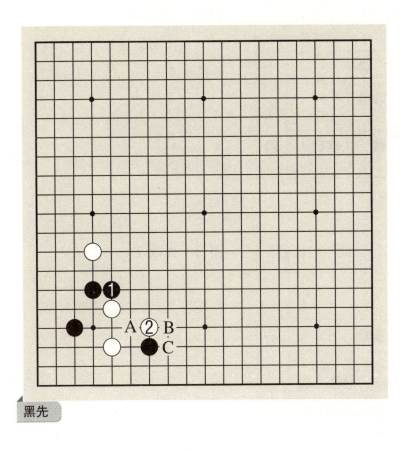

黑先

黑1长，白2靠，其后黑棋应如何下？请在 A～C 中选择。

问题92 解答

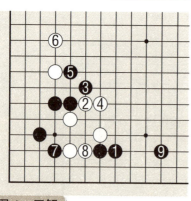

图1 正解

图1 正解

黑1退是本手，白2扳，以下至黑9是基本定式，双方均可接受。

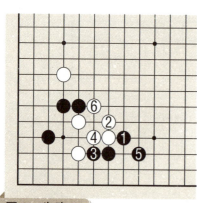

图2 失败1

图2 失败1

黑1扳，白2、4时，黑5必须补棋，白6后，黑棋形势危急。

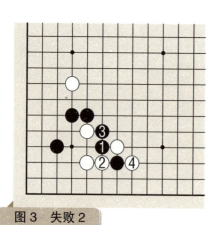

图3 失败2

图3 失败2

黑1扳无理，白2、4打吃后，黑棋大损。

问题 93

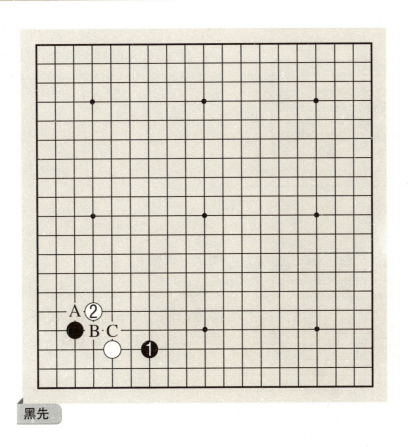

黑1夹攻,白2飞压,黑棋应如何应付?请在 A ~ C 中选择。

问题93 解答

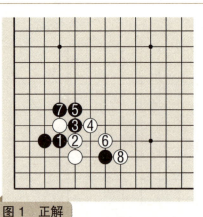

图1 正解

图1 正解

黑1、3切断具有气势，白4打吃，以下至白8均是预想的进行，这是双方均可接受的基本定式。

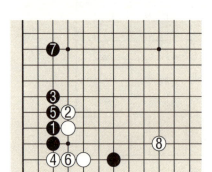

图2 失败1

黑1长，其后黑3跳，黑棋虽可取实地，但气魄不足。白4、6先手利用后，白8夹攻，白棋掌握主动权。

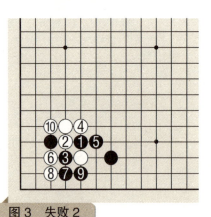

图3 失败2

图3 失败2

黑1搭，白2切断，以下至白10是预想的进行，白棋角上的实地大，黑棋不满。

问题 94

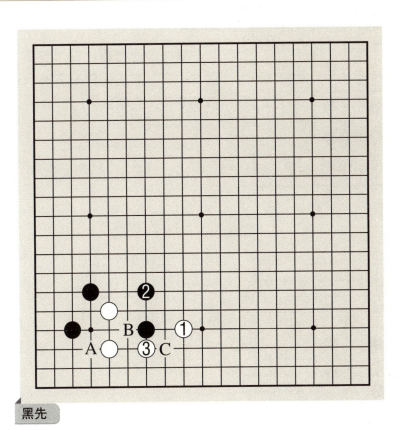

黑先

白1夹攻，黑2跳起时，白3则谋求联络，其后黑棋应如何整形？请在A～C中选择。

问题94解答

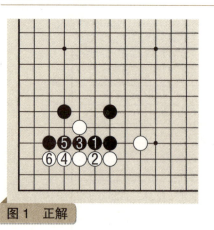

图1 正解

图1 正解

黑1冲是好棋,白2连接,以下至白6,双方形成外势与实地的转换,黑棋的外势比白棋的实地价值大。

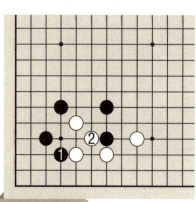

图2 失败1

图2 失败1

黑1尖顶,过于重视实地,白2虎后,黑棋不利。

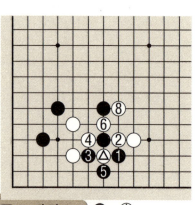

图3 失败2   ❼=△

图3 失败2

黑1扳,白2断,黑3打吃,白4反打是手筋,以下进行至白8,黑棋不利。

问题 95

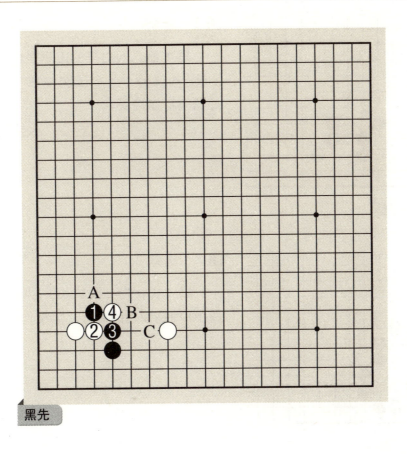

黑先

黑1飞时,白2、4冲断,其后黑棋应如何整形?请在A～C中选择。

问题95 解答

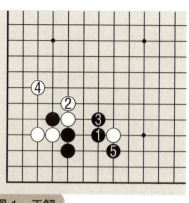

图1 正解

图1 正解

黑1靠，问白棋的应手是好棋，白2长、4飞补，黑5压制住白一子，对此黑棋可以接受。

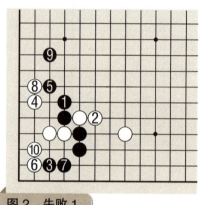

图2 失败1

图2 失败1

黑1长，白2同样长，以下进行至白10均是预想的进行，黑棋作战不利。

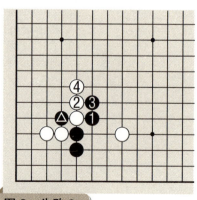

图3 失败2

图3 失败2

黑1打吃，其后黑3长，黑棋让对方顺势走强，黑▲一子也牺牲了。

问题 96

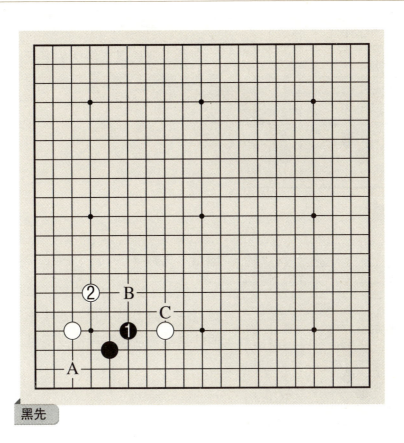

黑1尖,白2飞时,黑棋应如何处理二子?请在 A～C 中选择。

问题 96 解答

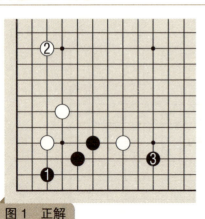

图1 正解

图1 正解

黑1飞是谋求做活的必争之处,其后白2展开,黑3则可夹攻白一子。

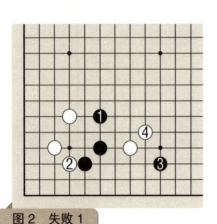

图2 失败1

图2 失败1

黑1单跳,白2尖顶,其后黑3夹攻白一子时,白4向中腹尖出,黑棋的两块棋都未活净,黑作战不利。

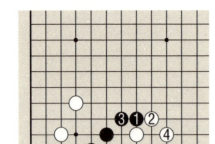

图3 失败2

图3 失败2

黑1靠同样不能满意,白2扳,其后白4虎,下边白棋很强,黑棋失去了攻击对象。

问题 97

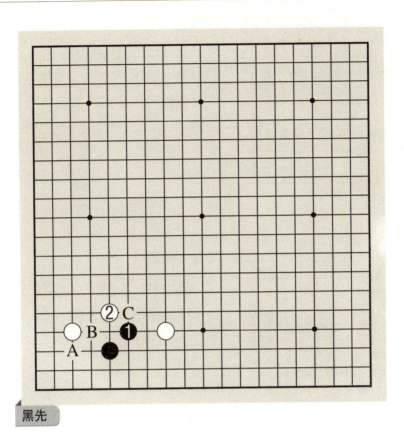

黑先

黑1尖，白2封时，黑棋应如何下？请在 A ~ C 中选择。

问题 97 解答

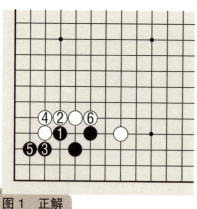

图1 正解

图1 正解

黑1尖顶是最佳应法，白2如果挡，黑3则先手与白4交换后，黑5下立，黑棋可以占据很大的角地。

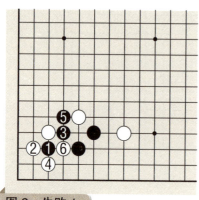

图2 失败1

图2 失败1

黑1托、3虎，白棋有2、4的反击手段，至白6提去黑一子，黑损。

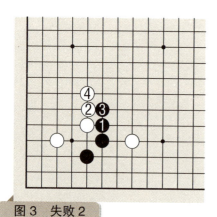

图3 失败2

图3 失败2

黑1、3长，让白棋顺势走强，黑棋不满。而且黑棋整体仍是被攻击的对象。

问题 98

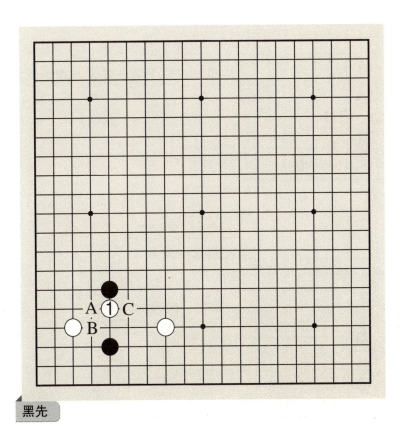

黑先

黑棋向中腹二间跳,白1靠,试图切断黑棋,其后黑棋应如何下?请在 A ~ C 中选择。

问题 98 解答

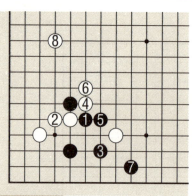

图1 正解

黑1扳是本手，白2如果退，黑3单跳，以下至白8是基本定式。

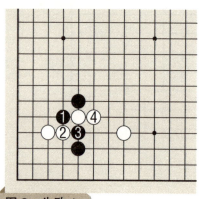

图2 失败1

黑1扳方向错误，白2断，然后白4长，黑棋作战不利。

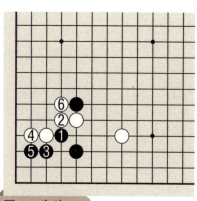

图3 失败2

黑1尖顶，白2挡，黑3谋求做活，但以下至白6，白棋的外势明显。

问题 99

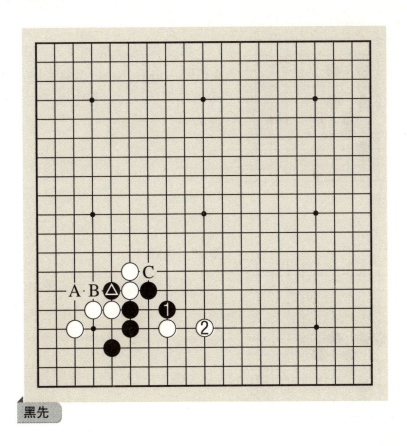

黑先

黑 1 虎，白 2 单跳，其后黑棋如何利用黑△一子整形？请在 A ~ C 中选择。

问题 99 解答

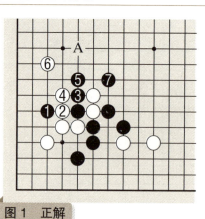

图1 正解

图1 正解

黑1跳是正确的下法,其后白2、4打吃,白6飞,白棋取实地,至黑7,黑棋确保了厚势。其中黑7也有可能下在A位。

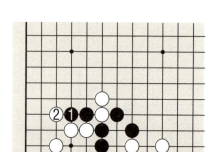

图2 失败1

黑1贴,白2扳后,黑棋不好下。

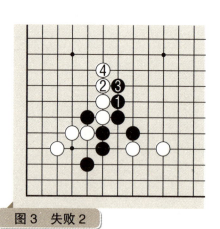

图3 失败2

图3 失败2

黑1、3长,白棋顺势将左侧走强,黑棋不满。

问题100

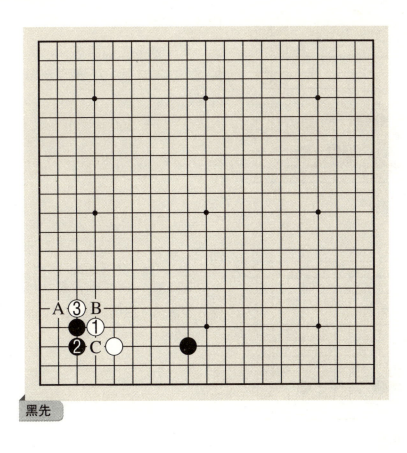

黑先

白1尖顶，黑2时，白3扳，其后黑棋应如何整形？请在A～C中选择。

问题100 解答

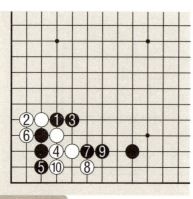

图1 正解

图1 正解

黑1断是正确的选择,白2时,黑3长,以下至白10,黑棋利用弃子获取外势。

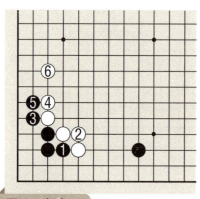

图2 失败1

图2 失败1

黑1挤,白2粘,黑3扳、5爬做活,至白6,白棋外势很厚,黑棋不满。

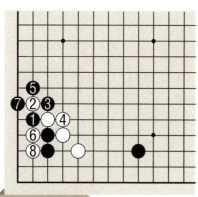

图3 失败2

图3 失败2

黑1扳时,白2反扳,其后黑3、5打吃白一子,以下至白8,白棋的实地很大。

问题 101

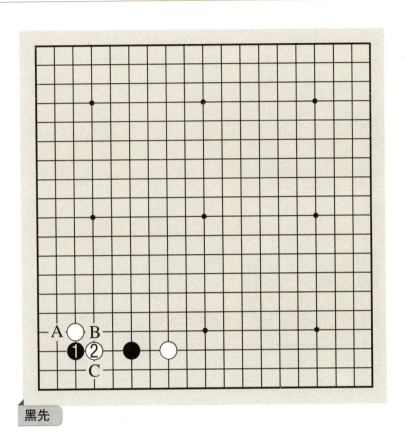

黑先

黑1托，白2扳，其后黑棋应如何整形？请在 A～C 中选择。

问题101解答

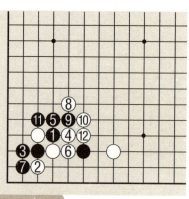

图1 正解

图1　正解

黑1断是本手，白2、4连续打吃，以下至黑11，黑棋可以占地做活。

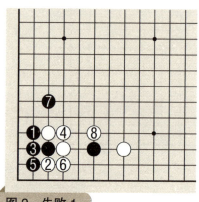

图2 失败1

图2　失败1

黑1扳，白2打吃，以下至白6，黑棋不好。

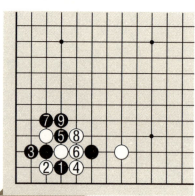

图3 失败2

图3　失败2

黑1扳时，白2、4吃住黑一子，黑5断，以下至黑9，结果白棋先手整形。

问题 102

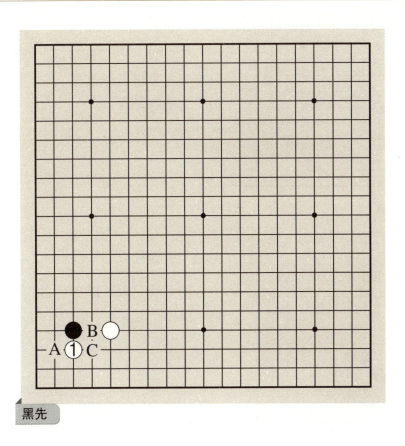

黑先

白1托时,黑棋应如何应付?请在 A ~ C 中选择。

问题 102 解答

图1 正解

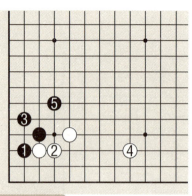

黑1扳，白2只好退，黑3虎后，黑5飞，黑棋棋形很厚，这是双方均可接受的基本定式。

图2 失败1

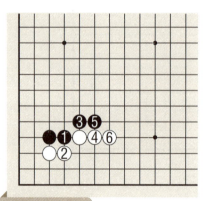

黑1顶，以下进行至白6，白棋走强，黑棋不利。

图3 失败2

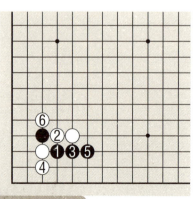

黑1扳，白2断，以下至白6，黑一子被吃，黑棋不满。

问题 103

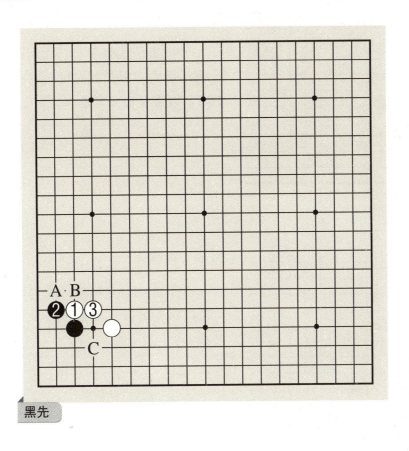

黑先

白1靠,黑2时,白3退,现在黑棋应如何整形?请在A～C中选择。

问题 103 解答

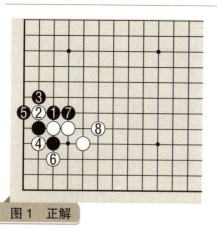

图1 正解

图1 正解

黑1扳是正确下法，其后不论白棋从哪一侧断，黑棋就在哪一侧打吃。白2断，以下至白8是基本定式。

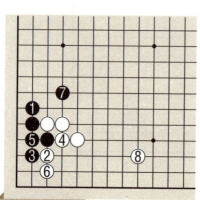

图2 失败1

图2 失败1

黑1长，白2靠后，黑棋痛苦。黑3虎，以下至白8是预想的进行，白棋有利。

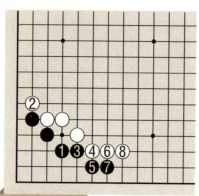

图3 失败2

图3 失败2

黑1尖，目的是取实地，但被白2挡后，黑棋不好。黑3长，以下进行至白8，白棋成厚势。

问题 104

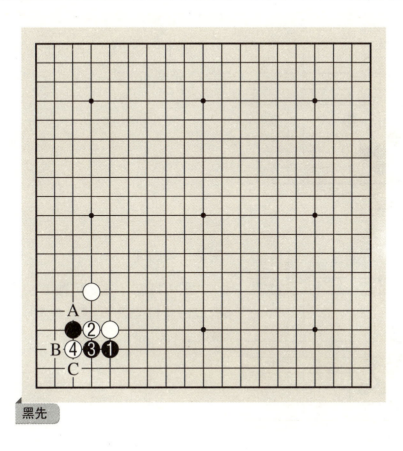

黑先

　　黑1托时,白2顶,黑3退,白4断,其后黑棋应该如何下?请在 A~C 中选择。

问题 104 解答

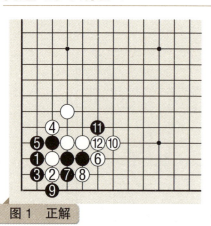

图1 正解

图1 正解

黑1打吃正确，白2下立，以下至黑11是基本定式。

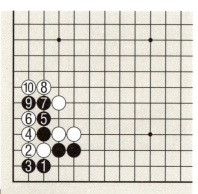

图2 失败1

图2 失败1

黑1打吃，白2可逃出，其后黑3挡，白4打吃，以下至白10，黑四子被吃。

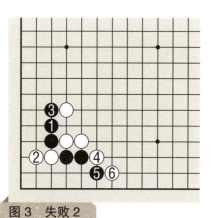

图3 失败2

图3 失败2

黑1长时，白2立是强手，黑3逃时，白4、6连扳，黑棋难受。

问题 105

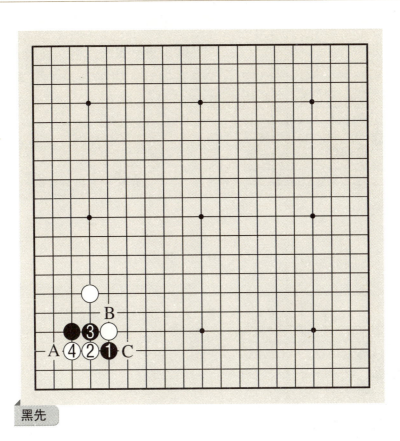

黑先

黑1托，白2扳，黑3断，白4挡，黑棋应该如何整形？请在A～C中选择。

问题 105 解答

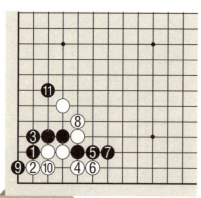

图 1　正解

图 1　正解

黑 1 扳是本手，白 2 扳后，白 4 打吃谋求做活，以下至黑 11，黑棋得以整形。

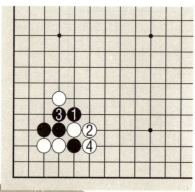

图 2　失败 1

图 2　失败 1

黑 1 打吃后，黑 3 粘是消极的下法，白 4 吃住黑一子，黑棋不好。

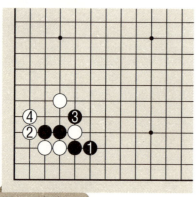

图 3　失败 2

图 3　失败 2

黑 1 长时，白 2 扳头是急所，其后黑 3 征吃，白 4 则长，白棋可以满意。

问题 106

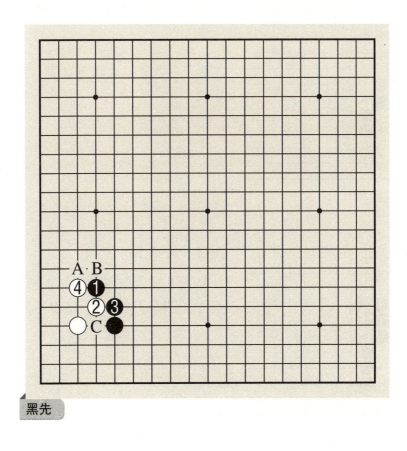

黑先

黑1飞封，白2尖顶后，白4虎，其后黑棋应如何下？请在A～C中选择。

问题106 解答

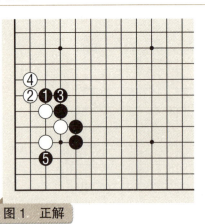

图1 正解

黑1连扳是本手,白2如果扳,黑3粘,白4长时,黑5托角,这是基本定式。

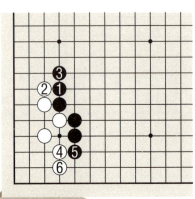

图2 失败1

黑1长缺少气魄,白2长,以下至白6,白棋占取实地,黑棋不好。

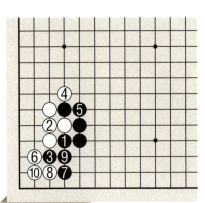

图3 失败2

黑1打吃,其后黑3扳,让白棋顺势走强,不可取。以下至白10,结果白棋有利。

问题 107

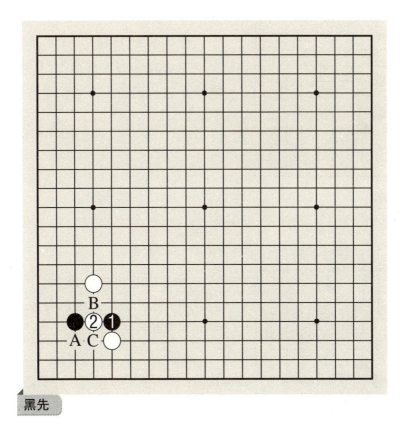

黑先

黑1靠,白2挖,其后黑棋应如何下?请在 A ~ C 中选择。

问题 107 解答

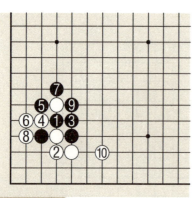

图 1　正解

图 1　正解

黑 1 打吃是唯一的下法，白 2 粘时，黑 3 粘，以下至白 10 是基本定式。其中黑 3 也可能下在 4 位粘。

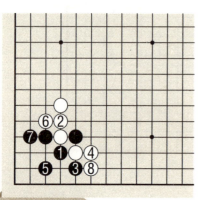

图 2　失败 1

图 2　失败 1

黑 1 打吃，白 2 连接，以下至黑 7，黑棋虽可做活，但白棋的外势过于强大，黑棋不好。

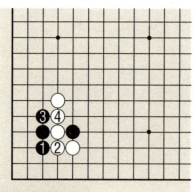

图 3　失败 2

图 3　失败 2

黑 1 下立是最坏的选择，白 2、4 连接之后，白棋很厚，黑棋不利。

问题 108

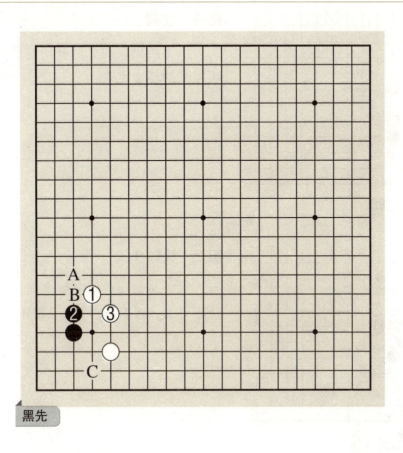

黑先

白1罩时,黑2并是一种应法,白3封锁,其后黑棋应如何下?请在 A~C 中选择。

问题 108 解答

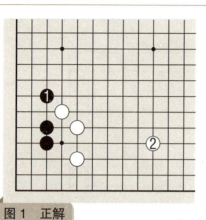

图 1　正解

图 1　正解

黑 1 跳出，白 2 展开，这是双方均可接受的基本定式。

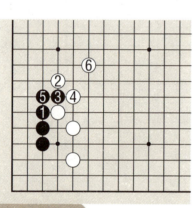

图 2　失败 1

图 2　失败 1

黑 1 长，让白棋顺势走强，这种下法不可取。以下至白 6，黑棋不满。

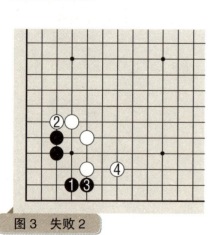

图 3　失败 2

图 3　失败 2

黑 1 飞谋求做活，不好，白 2 挡后，白棋外势很厚。

问题 109

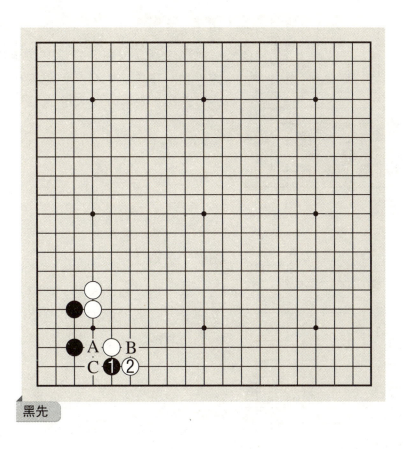

黑1托，白2扳，其后黑棋应如何下？请在 A ~ C 中选择。

问题 109 解答

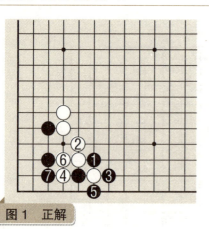

图 1　正解

图 1　正解

黑 1 断是好棋，白 2 如果退，黑 3 吃住白一子。其中白 2 如果下在 4 位打吃，黑棋则可在 2 位打吃。

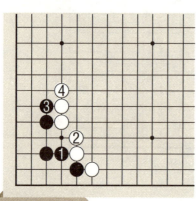

图 2　失败 1

图 2　失败 1

黑 1 顶，白 2 长后，黑棋不好。以下黑 3、白 4，黑棋的实地难以与白棋的外势对抗。

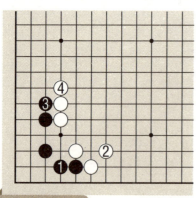

图 3　失败 2

图 3　失败 2

黑 1 退，白 2 虎，以下黑 3、白 4，结果与图 2 大同小异，黑棋同样不好。

问题 110

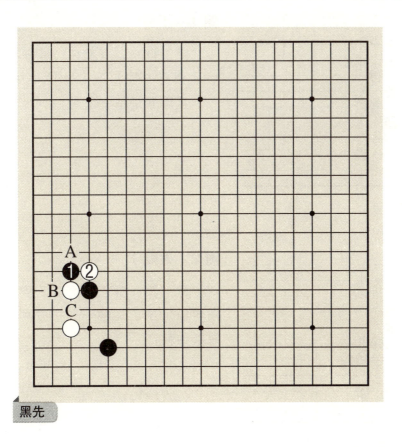

黑先

黑1扳,白2断,其后黑棋应如何整形?请在 A ~ C 中选择。

问题 110 解答

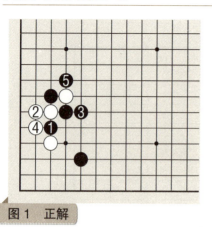

图1 正解

图1 正解

黑1打吃，再黑3长是好次序，其后黑棋在5位打吃和4位挡中必居其一，至黑5是基本定式。

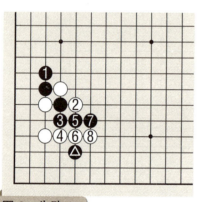

图2 失败1

图2 失败1

黑1长，白2打吃以下至白8，白棋可以冲出，黑△一子失去利用价值，黑棋不满。

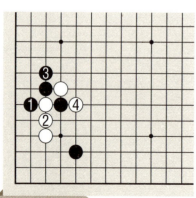

图3 失败2

图3 失败2

黑1打吃，其后黑3长，黑棋仍然不好。至白4打吃，黑棋大损。

问题 111

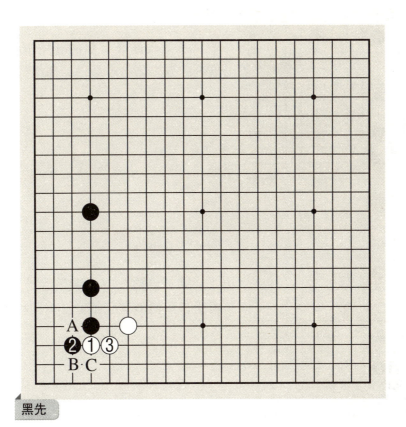

黑先

白1托，黑2扳时，白3退，其后黑棋应如何在角上防守？请在 A~C 中选择。

问题 111 解答

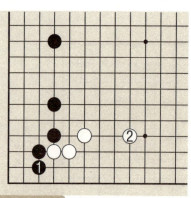

图 1　正解

图 1　正解

黑 1 立是最有效的补角下法，白 2 展开，双方暂告一段落，黑棋的实地大。

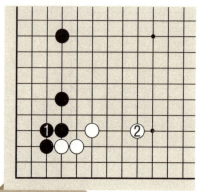

图 2　失败 1

图 2　失败 1

黑 1 单粘，白 2 展开后，与正解图相比，黑棋的差别很大。

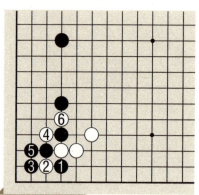

图 3　失败 2

图 3　失败 2

黑 1 扳是未能考虑到自身弱点的下法，白 2 断，黑 3 时，白 4、6 打吃，黑损。

问题 112

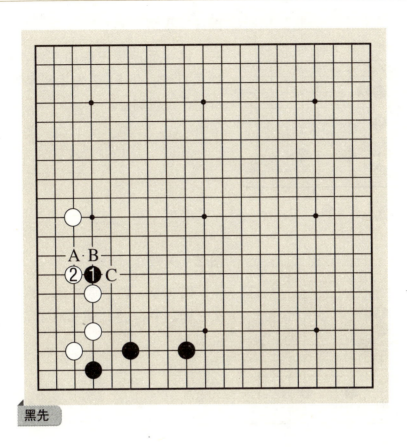

黑先

黑1靠，白2扳，其后黑棋应如何整形？请在 A～C 中选择。

问题 112 解答

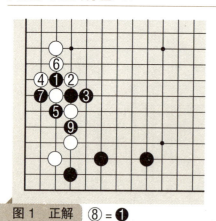

图1 正解　⑧=❶

图1 正解

黑1反扳是正确的下法，白2、4如果打吃，黑5、7先手利用后，黑9打吃，黑棋满足。

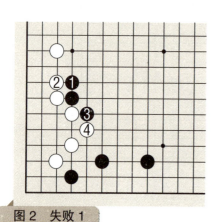

图2 失败1

图2 失败1

黑1长，白2联络后，黑棋不好。黑3时，白4虎，黑棋什么便宜也没占到。

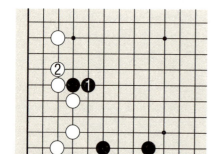

图3 失败2

图3 失败2

黑1长，白2联络，黑棋无后续手段。

问题 113

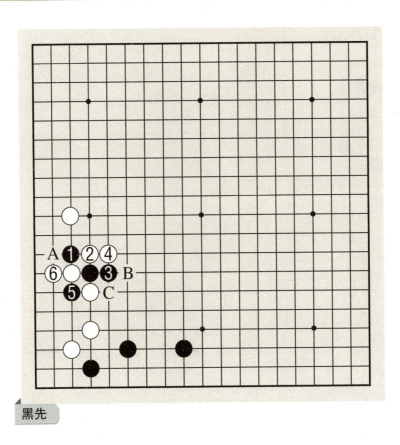

黑先

　　黑1反扳，白2打吃，其后白4贴是基本手法，黑5打吃，白6立后，黑棋应如何下？请在A～C中选择。

问题 113 解答

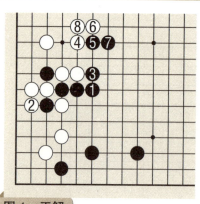

图 1　正解

图 1　正解

黑 1 长是急所，白 2 打吃，黑 3 拐头，以下至白 8，黑棋可以确保厚势，双方均可接受。

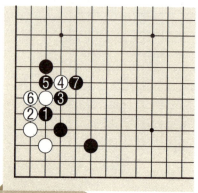

图 2　失败 1

图 2　失败 1

黑 1 挡，白 2 打吃黑一子，黑 3 长，白 4 跳补，与正解图相比，黑差一手棋。

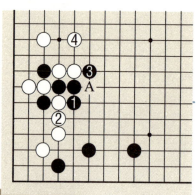

图 3　失败 2

图 3　失败 2

黑 1 打吃后，黑 3 扳，黑棋仍然不好。白 4 跳补后，A 位的弱点是黑棋的负担。

问题 114

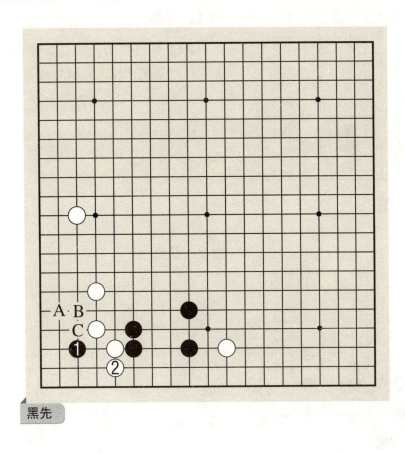

黑先

黑1点，白2下立阻渡，其后黑棋应如何下？请在 A ~ C 中选择。

问题114 解答

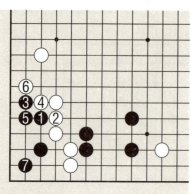

图1 正解

图1　正解

黑1点是急所，白2如果连接，黑3尖，以下至黑7，黑棋可以轻松做活。

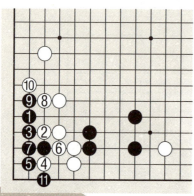

图2　失败1

黑1飞，白2冲后，白4靠，以下至黑11，与正解图相比，黑棋活得比较小。

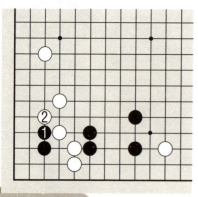

图3 失败2

图3　失败2

黑1长，白2挡后，黑棋不好下。

问题 115

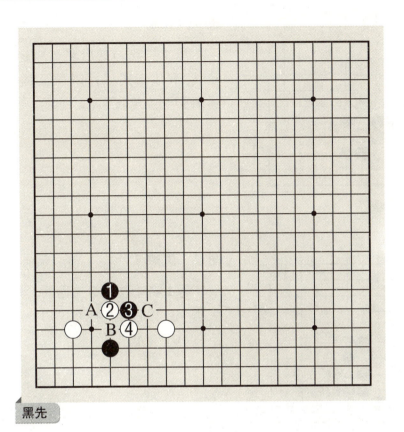

黑先

黑1二间跳,白2靠,其后白4试图扳断黑棋,黑棋应如何下?请在 A～C 中选择。

问题 115 解答

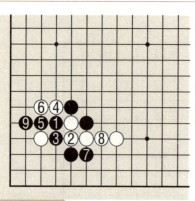

图1 正解

图1 正解

黑1打吃，其后黑3冲是好次序，白4、6攻击黑棋，以下至黑9，黑棋占取实地，充分可下。

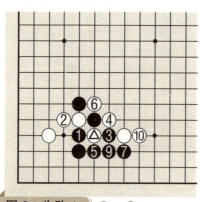

图2 失败1　⑧=△

图2 失败1

黑1打吃，白2连回后，黑1成为大恶手。其后黑3打吃，白4断，以下至白10，黑棋不利。

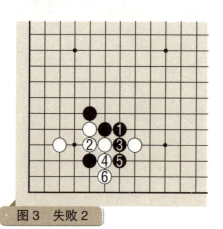

图3 失败2

图3 失败2

黑1长，白2时，黑3、5即使突破，白棋所获实地也太大，黑棋仍不好。